Deslindes del barroco

Deslindes del barroco
Erosión y archivo en Octavio Armand y Severo Sarduy

Johan Gotera

Consejo Editorial

Luisa Campuzano   Waldo Pérez Cino
Adriana Churampi   Juan Carlos Quintero Herencia
Stephanie Decante   José Ramón Ruisánchez
Gabriel Giorgi   Julio Ramos
Gustavo Guerrero   Enrico Mario Santí
Francisco Morán   Nanne Timmer

© Johan Gotera, 2016
© Almenara, 2016

www.almenarapress.com
info@almenarapress.com

Leiden, The Netherlands

ISBN 978-94-92260-12-3

Imagen de cubierta: Colour mezzotint by J. F. Gautier d'Agoty, 1754
Wellcome Library, London

All rights reserved. Without limiting the rights under copyright reserved above, no part of this book may be reproduced, stored in or introduced into a retrieval system, or transmitted, in any form or by any means (electronic, mechanical, photocopying, recording or otherwise) without the written permission of both the copyright owner and the author of the book.

I. Octavio Armand contra sí mismo

La fábrica del lector 13
El otro exilio 25
Contra la pulsión doméstica 35
   Autorretrato en ruinas... 45
   La lengua presionada..64
Morder la lengua..77
   Escrito sobre el mar..88
   La imposibilidad como escritura 90
   Pensar el afuera..94
Contra la tradición del sentido..99
   Una crítica feroz... 104
El regreso de la escritura... 109
   Aviso de derrumbe 113

II. Severo Sarduy, alcances de una novelística

Síntesis y congestión 123
A partir del espacio 129
   Del modelo circular 136
   El círculo se estira 137
   Incidencias de la espiral en la elaboración novelesca de Sarduy 139
   Copia y origen 144

Lugares de transformación 151
  El patio 156
  El Cuerpo 158
  Llevar el objeto a la plenitud de su significación 164
  Todo significa sin cesar y varias veces 165
El cuerpo como lugar de las mutaciones 171
  Serie de inversiones 183
  La metáfora excremental 188
  La Caída 190

Bibliografía 201

A Judith

I.

Octavio Armand contra sí mismo

Me preocupa mucho cuando alguien *me comprende*. Será que no ha oído bien, me pregunto. ¿Será que entendió mal?

        Octavio Armand (*Superficies*, 1980)

Haré lo posible por no decir nada.
¿Soy demasiado ambicioso, verdad?

Octavio Armand (Conferencia sobre Kafka,
                            Nueva York, 1983)

Com(prend)e, que ésta es mi forma.

    Octavio Armand (*Piel menos mía*, 1976)

La fábrica del lector

> Se lee un libro contra otro lector.
>
> Ricardo Piglia

> La obra lleva un juicio implícito sobre las otras obras.
>
> Maurice Blanchot

El lector suscitado por la obra de Octavio Armand no podrá confirmar en la realidad los efectos de su práctica. Si confrontamos la gestión literaria de Armand –apelación provisoria que habremos de corregir más tarde– al sistema de la literatura occidental –contra el que parece elaborar sus renuncias y estrategias–, veremos que de su obra surge un desajuste, una redefinición de más de un arquetipo que fuera capital para la fundación y desarrollo de la modernidad literaria que aún nos deslumbra.

Si en Cervantes el lector conoce la capacidad de la lectura para seducir y perder al héroe, y observa en *Madame Bovary* que los hábitos voraces de lo novelesco distorsionan la realidad sobredimensionándola, la figura del lector producida por la poesía de Armand ha sido creada para interrumpir ese nocivo flujo de lo literario sobre el que tanto advirtieron los propios Cervantes y Flaubert, cuyas obras, pensadas precisamente para desmitificar y cuestionar ese mecanismo, cuentan cada cual el fracaso por credulidad de unos lectores. En pos de ese objetivo, fueron capaces de sacrificar sus personajes que angustiosamente mueren, enfermos de un mal, la literatura, no sin antes iluminar para la conciencia moderna el doble fondo que caracterizará al arte literario desde entonces, y que tal vez, aún hoy, no hayamos logrado superar del todo.

Junto a estos personajes, debía morir también, de algún modo, la literatura. Las evidencias demuestran que esa muerte no fue definitiva y que, por el contrario, lo que sobrevino fue la larga vida de una grieta especular profundizada sin descanso en el centro de la ficción, cuyo destino parece inagotable en tanto seguimos actualizándola por virtud de su fascinación: un personaje de Ernesto Sábato, por ejemplo, prolongando los réditos de un viejo hallazgo, propone hacer con la novela policial lo que Cervantes hiciera con la de caballería: crear una sátira a partir de un personaje que proceda en la vida como lo hace un detective «en una de esas novelas» (1977: 97). Julio Torri, cuya distancia de la mencionada grieta podemos medir también en siglos, dará un giro al asunto para escenificar de nuevo el sacrificio de la literatura en la literatura, lo que curiosamente no hace sino renovar nuestro entusiasmo. En su célebre pieza «A Circe», el narrador comprueba el derrumbe del mundo teológico, recurre al mito fundador de Ulises para pervertir su capacidad originaria y mostrar la caducidad de unas fuerzas que alimentaban lo literario. Así, la grieta que conocimos por Cervantes se hace extensiva a un pasado remoto que contagia de ironía y simulacro al propio Homero. Todo el sistema se ha contaminado y sin embargo, la ilusión literaria no termina de morir. El personaje de Torri, por su parte, ahora muere porque no muere (agonía que preludia cierta caducidad de lo literario); sigue puntualmente los avisos de la diosa Circe y, con el vivo deseo de perderse, renuncia al mástil que lo protegería de la canción letal de las sirenas, y sin embargo, tristemente, dice, «como iba resuelto a perderme, las sirenas no cantaron para mí» (Torri 1984: 9).

Tenemos que esa decepción es la misma que acompaña en su muerte a Alonso Quijano, que descubre, justo antes de morir – otra vez la muerte, otra vez el desengaño –, que ya no es don Quijote de la Mancha: «ya conozco mi necedad y el peligro en que me pusieron haberlas leído [las historias de caballería]» (Cervantes 2004: 1101). Pero lo que debiera prevenirnos sobre los estragos de unos hábitos, prolonga, sin embargo, la celebración de un gesto: el gesto de la escritura. Que veamos en Don Quijote la jubilosa multiplicación de un reino en lugar del final de una ilusión brillante y cruelmente documentado, es señal de que no hemos incorporado la sabia derrota que nos entregaba.

Todavía Borges mira a don Quijote con la benevolencia de la amistad (aunque su obra, es cierto, intensificará al cuadrado la especularidad cervantina). Los menos, Mark van Doren entre ellos, advierten que el ingenioso hidalgo tiene también otro semblante, inmisericorde, fanático, vengativo, dice, «y ya es hora que se hable de él» (Doren 1973: 18). Nietzsche, por su parte, no eludió la porción de lúcida amargura que el Quijote discretamente resguardaba y desdeñó, en cambio, la expedita felicidad que hallaran en él sus primeros lectores. «Hoy», alcanzó a decir, «leemos el *Don Quijote* entero con un amargo sabor en la boca, casi con una tortura»[1].

Los heterodoxos estudiantes de *Paradiso*, endemoniada máquina reflexiva, refrendarán la deriva grotesca del Quijote para denunciar, de paso, que la crítica en torno a Cervantes «ha sido muy burda en nuestro idioma» (Lezama Lima 2006: 312), sugiriendo tal vez, de

---

[1] En un fragmento inédito hallado en la primavera-verano de 1877, Nietzsche continuó sus desalentadoras consideraciones: «opino que Cervantes despreciaba a los hombres, sin excluirse a sí mismo»; «ni siquiera le ahorra a su héroe aquel terrible cobrar consciencia de su estado al final de su vida: si no es crueldad, es frialdad, es dureza de corazón lo que le hizo escribir semejante escena final, es desprecio por los lectores, cuyas risas, como él sabía, no quedarían perturbadas por esa conclusión» (Nietzsche 1975: 77, 194).

una novela a otra, una nueva aproximación que libere de quijotismo al Quijote y al lector tradicional de sus inciertas esperanzas literarias[2].

Holgará repetir que para el manchego las bibliotecas no tuvieron exactamente la forma del paraíso. Para cierto Borges, y para el lector sentimental que todavía somos, sí.

Kafka, que no evade la derrota legada y hurga con angustia en ella, retoma la literatura a partir de esa muerte aleccionadora y escribe un texto desconcertante en el cual, la utopía literaria, enroscándose en sí misma hasta la más compleja inversión, nos entrega al Quijote como a un «demonio» (¡y a Sancho como su autor!). Significativamente, el texto –rápido, demoledor– se llama «La verdad sobre Sancho Panza», y pone en juego el estatuto de la verdad contra el que se enfilará toda la literatura contemporánea.

La versión kafkiana del Quijote no es menos desmitificante que la que el narrador checoslovaco dará luego sobre las sirenas, con las que también establece una relación problemática (en «El silencio de las sirenas», específicamente, relato que inspiró sin duda el de Julio Torri). Desde la perspectiva kafkiana, el arma más terrible de las sirenas no será su canto sino su silencio[3]. Primera inversión: el canto, el ritmo, la musicalidad –«La música ante todo», que decía Verlaine–, esa seducción de la forma que había reinado por siglos, va a ceder un fondo mucho más complejo y erosivo: el silencio, no como instancia metafísica sino como fuerza que se opone al mundo para acallar su organización, contradecirlo y desnudar la estructura arbitraria que lo hacía posible. «Basta que cerremos nuestros oídos a los acordes de la música en una salón de baile», decía Bergson, «para

---

[2] En *Fictions of Romantic Irony*, Liliana Furst critíca a su vez la limitada lectura de *El Quijote* que hicieran los románticos. «Lo sacaron de contexto», dice, «idealizaron al héroe y cargaron a la obra con un simbolismo que reflejaba su propio ideología, estética y sensibilidad» (Baler 2008: 34).

[3] «Y, en efecto, al llegar Ulises, no cantaron las cantantes poderosas» (Kafka 1978: 82).

que al punto nos parezcan ridículos los danzarines» (1984: 13). La literatura renunciaba así a viejas armonías y seguridades mediante un abrupto silenciamiento de lo literario que tendría el poder de trastornar nuestra perspectiva de lectura, creando una discordia entre el mundo y nosotros que, según Bergson, moverá a la risa.

En ese mismo sentido, podemos decir que la enciclopedia china de Borges silencia la lógica de la clasificación, produciendo, como advirtió Foucault, una risa que sacude «todo lo familiar al pensamiento» (Foucault 1997: 1). Significativamente, según Max Brod, el auditorio que asistía a una lectura de Kafka, respondió «con una risa irresistible» al primer capítulo de *El Proceso* (Véase Deleuze y Guattari 1990: 65). Así hay que leer a un autor como éste, dirán los teóricos, con «escalofríos políticos» y «risa involuntaria». No es extraño entonces que en la otra mitad de ese siglo, cumpliendo con una erosiva continuidad, un autor como Octavio Armand recurra al desconcierto del humor para plantear la risa como camino ideal para llegar a Kafka:

> Durante varios días me he preguntado cuál de dos opciones sería peor para una ocasión como esta: decir mucho en poquísimas palabras o no decir nada. Haré lo posible por no decir nada.
> ¿Soy demasiado ambicioso, verdad?
> Sabía que se iban a reír. Gracias. Contaba con la risa para aludir a un dilema de la literatura contemporánea. Un dilema que la obra de Kafka, quizás más que cualquier otra, se atrevió a plantear. (Armand 2008: 171)

Volveremos sobre el aspecto cómico –desestructurador, deformante– en la poesía de Octavio Armand. Por ahora, retengamos estos dos principios: el silencio como política, la risa como erosión.

Veamos en el *silenciamiento* de lo literario una oposición que pide otra perspectiva de aproximación, la exigida de ahora en adelante por las exploraciones literarias de la contemporaneidad. Se trata del escenario de un enfrentamiento: «Máquina de leer contra máquina de cantar», para decirlo con una formula reveladora del propio Armand (1980a: 213); es decir, la exigencia de una labor emprendida a espaldas de las viejas seducciones literarias, como la música o la modulación, engañosas fábricas del sentido. («Quién hace tánta bulla, y ni deja / testar las islas que van quedando», reclama César Vallejo en *Trilce*, libro cuya escritura registra abiertamente el impacto de la tipografía y las discordantes huellas de la máquina de escribir).

El relato de Kafka sobre las sirenas cuestiona la estructura mítica del pasaje homérico y, exacerbando la duda, renuncia a dar una versión concluyente sobre la actitud del héroe («*quizá* notó que realmente las sirenas callaron»), dejando los cabos sueltos y estratificando malsanamente el problema de la verdad en una serie de simulacros que paraliza la comprensión y niega la satisfacción que sobreviene a las conclusiones. El descreimiento y la especulación se han instalado, hasta corroerlo, en el corazón de la literatura contemporánea. A partir de aquí, suponemos, el código literario no podrá llamar impunemente a la creencia o a la acción. Sin embargo, como sabemos, a Cervantes no le valió cuestionar lo novelesco recogiendo de la calle esos papeles rotos que incorpora a la novela como textos residuales; encontrarse don Quijote con el libro fraudulento que lo duplicaba o ver, en visita a una imprenta, la reproducción indiscriminada que rebajaba la dignidad de las obras a mercancía... nada de esto derogaría la fe que entregamos los lectores a la Literatura; nada en nuestra civilización pudo contra el poder de tales hechizos, al punto que, siglos más tarde, quien encarnara al hombre de acción por antonomasia en nuestros tiempos, Ernesto Guevara, el Ché, busque, mientras cree que va a morir, un modelo en la literatura para acompañar su último paso, invirtiendo, de manera regresiva, el final irrefutable de don Quijote.

Alonso Quijano vuelve en sí para enfrentar el último aliento; el «Ché», como si el desengaño ilustrado por Torri no hubiese tenido lugar, se pierde mentalmente en un destino literario imaginado por Jack London cuando cree que va a morir.

En sus *Pasajes de la guerra revolucionaria*, Guevara apunta: «Inmediatamente me puse a pensar en la mejor manera de morir en ese minuto en el que parecía todo perdido. Recordé un viejo cuento de Jack London, donde el protagonista apoyado en el tronco de un árbol se dispone a acabar con dignidad su vida» (Guevara 2007: 12)[4]. Ahí tenemos todavía vivo el drama de un lector que no termina de descifrar la cruel ironía de Cervantes.

En gran medida, es el lector que seguimos siendo; y es, peor aún, el reclamado por mucho de lo que se escribe en el presente: un lector que percibe la literatura como paisaje, no como escritura; al que corresponde una escritura confiada y sin fisuras en el decir.

La literatura misma, sin embargo, no ha dejado de operar contra esta confusión –interiorizada con el paso del tiempo, en un gesto donde podemos adivinar el esbozo de lo que las vanguardias del siglo XX formularían al predicar la ruptura del arte y de su totalidad, enfrentando la idea de un arte inorgánico a la de uno orgánico[5], esto es: la irrupción de un arte fragmentario, corrosivo, rupturista, capaz de disolver las consistencias que conferían solidez al discurso literario.

Un personaje de Nerval (1808-1855), al salir al bosque y ponderar el paisaje, declara: «Parece un paisaje de Walter Scott» (Nerval 1988: 91). Este asombroso bucle hacia el interior de la literatura

---

[4] Citado también por Ricardo Piglia en *El último lector* (2005: 104). El cuento de London aparece bajo el nombre «El fuego de la hoguera» en *El silencio blanco y otros cuentos* (1978: 120-139).

[5] «El clasicista quiere dar con su obra un retrato vivo de la totalidad; tal es su intención, incluso cuando la parte de realidad presentada se limita a ser la restitución de una atmósfera fugaz. El vanguardista, por su parte, reúne fragmentos con la intención de fijar un sentido (con lo cual el sentido podría ser muy bien la advertencia de que ya no hay ningún sentido). La obra ya no es producida como un todo orgánico, sino montada sobre fragmentos» (Bürger 1987: 132).

puede parecernos grato, ingenioso reflejo que enriquece el sistema novelesco. Creo, por el contrario, que allí, en esa página –y en tantas otras similares–, de manera germinal pero irrefutable, la literatura comienza a cultivar sus ruinas, su *arruinamiento*, digamos, su truncado devenir hacia la autonomía que las vanguardias del futuro iban a proclamar, dejándonos el legado de unas sospechas y rupturas permanentes, que debieron producir al menos la conciencia de un nuevo lector más crítico, señalado certeramente por el pensamiento contemporáneo más radical con las palabras que siguen: «el lector no quiere una obra escrita para él, sólo quiere una obra ajena, donde descubra algo desconocido, una realidad diferente, un espíritu separado que lo pueda transformar y que él pueda transformar en sí mismo» (Blanchot 1991: 19).

Allí está esbozado el espíritu de *otro* lector, anunciado pero no siempre atendido por la literatura de nuestros tiempos. Es el reclamado sin duda por la poesía de Octavio Armand; un lector que renuncia a las antiguas identificaciones y abundancias del sentido, conminado constantemente a transformar su régimen de lectura para aprender a leer de nuevo, incorporando, ahora sí, la *muerte* de la literatura[6] y el *acallamiento* de lo literario, sin esperanza de quijotismo alguno. Un lector, digamos, sin ilusiones, arrancado de un largo sueño, que despierta por paradoja y huye de la hegemonía del sentido; un lector que ya no espera nada de la música de las sirenas y que es requerido por un texto que se señala a sí mismo al fondo del paisaje, dando muestra, en su textualidad, de que todo ha sido

---

[6] El aire fúnebre de esta metáfora proviene del tono que le imprimieran en su momento Maurice Blanchot o Roland Barthes. El primero la utiliza para referirse al estado de la literatura contemporánea, la cual, según él, se dirigía hacia sí misma, es decir, hacia su «desaparición». (Blanchot 1992: 219). El segundo lo hace para describir el proyecto de Mallarmé: «sabemos que el esfuerzo de Mallarmé se centró sobre la aniquilación del lenguaje, cuyo cadáver, en alguna medida, es la Literatura» (Barthes 1980a: 14).

hecho a ras de página, engendrando así un mundo de signos siempre por poblar en el que la literatura ya no es lo que era ni los nombres del pasado garantizan su continuidad. «¿Por qué conservar, durante un tiempo determinado, un nombre antiguo? ¿Por qué amortiguar con la memoria los efectos de un sentido, de un concepto o de un objeto nuevos?», se pregunta Derrida, para plantear de inmediato la pregunta fundamental: «¿Por qué «literatura» nombraría aún lo que ya se sustrae a la literatura […] o, no ocultándose únicamente en ello, la destruye implacablemente?» (Derrida 1997: 7-8).

En este sentido, la obra de Octavio Armand es póstuma, en tanto que retoma la literatura a partir de esa *destrucción* y la hace callar, renunciando tanto a la música como a la consagración del sentido, para desbordar las categorías del pasado y proponer una obra que se inscriba en el cuestionamiento radical de las relaciones del lenguaje, registrando el momento en que éste, al fallar o desistir, interrumpe toda «relación posible con el mundo», como él mismo ha observado (Armand 1980a: 191). Contra este fondo imposible y desengañado –bajo esa paradójica legislación–, ocurrirán sus exigentes exploraciones lógicas y verbales.

Hemos privilegiado hasta ahora el paradigma narrativo para justificar y criticar la ensoñación que provoca en el lector cautivo la seducción de la prosa. Habría que reiterar que Cervantes, Flaubert o London no fueron poetas, formalmente hablando. Y es en la experiencia de la prosa, sobre todo, donde tradicionalmente podemos encontrar aquella desaparición de la letra que experimenta el lector arrobado por el flujo del lenguaje. Merleau-Ponty, en un libro llamado precisamente *La prosa del mundo*, advertía que uno de los resultados del lenguaje literario era hacerse olvidar, desaparecer en la medida que la expresión era alcanzada: «A medida que voy siendo cautivado por un libro», decía, «dejo de ver las letras sobre la página» (1971: 33). Ver, no los signos, sino *a través* de los signos. Esto es, ver el surgimiento de un paisaje al que vamos siendo insensiblemente arrojados en el acontecimiento de lenguaje[7]. Para que esta concreción se logre, la obra debe levantar un juego de perspectivas en las que el lector pueda volcar la experiencia de sus sentidos. Debe narrar el mundo, apostar por la eficacia del lenguaje para relatar y reconducir la historia de las cosas en el mundo. Pero la poesía, esa abrupta desviación de los sentidos, esa imprevista y a menudo arbitraria reformulación del lenguaje, procede y ha procedido de corriente como una irrupción que contraviene la acostumbrada naturalidad de la prosa con que nos comunicamos y narramos. Llegamos a intuir incluso que sólo cuando la poesía ha logrado penetrarla, puede la prosa liberarse del mundo referencial que la subyuga con sus prescripciones. La poesía, como una fuerza que amenaza al lenguaje sin abandonarlo, alimenta como ningún otro género cierto impulso por desconocer la lengua que radicaliza mientras sostiene, que niega para realizarse. No sólo desde la tradición de oscuridad del *trovar clus* sino también desde la aparentemente exacta formulación del ritmo reglado en el soneto, la poesía tiende a manifestarse como un desacomodo de la lengua, como un entorpecimiento del habla que desatiende las exigencias de comunicación y se complace en una *imperfección* gramatical, en un ritmo arbitrario que señala o pretende señalar una zona desconocida y en tensión de lenguaje. Como si la carga poética implicara de suyo el desplazamiento imprevisible de la gramática y de todo el sistema de la comunicación. Como si en la distracción del sentido, la poesía obrara una desnudez siempre nueva, nunca reglamentada por las correspondencias que condicionan el funcionamiento social del lenguaje. «¿Será la poesía un empecinado esfuerzo por *hablar mal para que se nos entienda*?» «¿Una pésima elocuencia?» […] «¿Un

---

[7] Al referirse a las obras conscientes de su materia y de su tiempo (*Don Quijote* o *Ulysses*, por ejemplo), Guy Davenport produce la simetría de Merleau-Ponty: «You do not read *Ulysses*; you watch the words» (Davenport 1997: 287).

hablar mal para que lo incomprensible se comprenda?»[8], –se pregunta el poeta como quien accede a la sabiduría final de su oficio. Y, como si descubriera después de tantas palabras que el silencio también es mentira, inventa –para desconcierto del lector–, «un lenguaje capaz de callar y no decir nada a nadie» (Armand 1974: 2). Se dispone entonces a callar –ejecutando una última transgresión– «sin el silencio de los poetas» (Armand 1980b: 39).

---

[8] Palabras previas a la lectura que diera el poeta en la librería Kalathos, Caracas, el 13 de febrero de 2011.

El otro exilio

Al ser interrogado sobre su pasado (pero, otra vez, ¿por qué amortiguar con la memoria los efectos de un sentido?), el poeta cubano José Kozer responde: «Cierro los ojos, procuro verme y no veo absolutamente nada: cierro los ojos, procuro ver el lugar, La Habana, ver qué o quiénes me rodean: no veo. *Lo que veo son palabras*, veo aquello que invento en un momento presente»[1] (Sefamí 1996: 232; énfasis mío). Kozer habla aquí como el poeta que ha renunciado a la coartada del pasado («No sé si hay pasado, no sé si exista», añade). No escribe simplemente para recordar, sino para cortar las inercias del pasado, trazando su alejamiento, su desarraigo irreparable. Recuerda para inaugurar[2].

---

[1] «Tengo una enfermedad: veo el lenguaje», dirá Roland Barthes registrando el mismo síntoma en *El imperio de los signos* (2007: X).

[2] En esto me aparto respetuosa pero definitivamente de la lectura que hace el crítico cubano José Luis Arcos de la obra de José Kozer. Para este crítico, hay en Kozer «una necesidad psicológica y afectiva» que lo hace «nombrar las cosas como un modo de apropiarse de la realidad». Así es como el poeta restauraría, de algún modo, un lugar de su pasado. Señala también, aplicando una idea de Mañach, cierto característico «deseo de familiaridad» que recorrería su obra. Aunque válido, tal acercamiento podría oscurecer una cuestión más decisiva en Kozer. Para mí, su singularidad reside en el reto de nombrar precisamente la desposesión más extrema, liberando al lenguaje del tributo testimonial y haciendo de su poesía la experiencia de lo irrecuperable, donde se ejecuta, de cierto modo, la muerte del

Lo que va a morir aquí es *el pasado* del pasado, es decir, los viejos sistemas de representación, satisfechos como estaban en la restitución nostálgica de las filiaciones. Nos enfrentamos entonces a un pasado sin alojamiento, en constante formación, que muestra nuevos poderes mediante una inédita configuración de escritura, convertido ahora en *concepto nuevo,* y liberando al lenguaje de toda obligación testamentaria.

Se trata de la consciente y exasperada *presentación* de un pasado mediante «palabras diferidas» (Derrida 1997: 104), es decir, posteriores, textuales, escritas; planteándose, a partir de allí, la pregunta sobre las facultades y limitaciones de la escritura para nombrar que atravesará la obra de ambos poetas del exilio cubano, en las cuales, el derrocamiento del lugar natal no produjo el impulso de una restitución sentimental sino la experiencia de un alejamiento múltiple: del lenguaje alejándose de su etimón; del sentido alejándose de *tierra firme;* de la poesía, alejándose de sus hábitos verbales. El poeta, en fin, sin hogar, desterrado y desterrando al idioma.

«El pasado en mí es un vacío», dirá Kozer, «y ese vacío se convierte en lo que quisiera llamar una realidad mentirosa» (Sefamí 1996: 232). Impugnación de las fuentes: lo transcurrido no garantiza ninguna certidumbre en el lenguaje. A pesar de que su poesía se hunde en la exploración de lo familiar y doméstico, lo que nos entrega su obra, tan radical como la de Armand, es una nueva experiencia de lenguaje que recupera para la poesía contemporánea el fatigado tópico de la casa, los padres, las filiaciones, escritas ahora no sólo como intimidad, sino también como imposibilidad. Para él, el pasado es lo que está ocurriendo en el momento de la escritura, «aquello que invento en un momento presente», ha dicho. ¿No se renuncia aquí al noble prestigio de la nostalgia?

---

pasado retenido como pasado que, desbordando lo afectivo, nos confronta con una brusca *desfamiliarización* de sus lenguajes y contenidos.

Un poeta despidiéndose del mito de la poesía en un poema que es al mismo tiempo un poema sobre el adiós aparecerá al principio de *Piel menos mía* (1976), extraña forma de comenzar. En ese poema, el adiós, es decir, lo que rompe en dos la temporalidad –la grieta del futuro que se abre y lo que se acrecienta a partir de allí como pasado– significa al mismo tiempo el abandono de un lenguaje filial y el adiós a una literatura. Un adiós paradójico que no transcurre y sigue recomponiendo sus piezas en el presente del poema, puesto que es, al mismo tiempo –como pareciera indicar el subtítulo–, «despedida y presencia».

Veamos:

> *La desesperación como superficie*
> Retícula no. 1: despedida y presencia
>
> Adiós con llanto en cada mano. Mar. La voz gastándose. Mar. Adiós mil veces. Mar. Voz gastada por palabras como piel. Entonces e l penúltimo grito levantando gaviotas. Un pañuelo que salta. Pág. Estrujado corazón en blanco. Latiendo entre dos dedos. Olas. Orilla que recede, la distancia cada vez m ás espumosa. Un jabón. Y siempre una misma despedida, ésta. Mano llorando, la lengua soberanamente hinchada, pegada al paladar, endurecida. Sal. Espuma. Luego, mar. Adiós de un labio a otro. Hermano, querida, mamá. Adiós de pómulo a pie. El viento quema hue llas, estatuas de harina. Historia y azul detrás del párpado: diente, él, ella, Ud. Adiós. Total: morir después de la muerte. Un día después. Mar abierto en bocas. Mari posas bajo el agua. Peces como flores. Pro fundidad transparencia. Camino sobre burbu

> jas que estallan. Me hablan. Nuestras vida
> s son los ríos que (no) van a dar a la mar.
> Columna de escamas. Columnas de ojos. Una c
> iudad como mi cuerpo esparcido. Abajo el t
> acto, voraz rastrillo agitándose. Sombra.
> A través del párpado, miro. Enterrado en l
> a arena, miro. Espejo esponja que lamo y m
> il veces el llanto como anillo anular la m
> ano. Luego, mar. Entonces, mar. Sobre la s
> angre, mar. De sangre, mar. Y adiós.
> (Armand 1976: 1)

Tal vez no sea excesivo advertir en ese ritmo sofocante —en esa *fisiología de la masacre* que parece registrar la sintaxis–, la más brusca experiencia del exilio: el cuerpo del poeta y del poema trucidados; trucidada la «m / ano» que escribe, o la «s / angre» de las filiaciones separada para siempre, «La voz / gastándose». Desgaste que podríamos leer como el fin de la solidaridad entre voz y sentido, entre aliento (pneuma) y ser, fin de la palabra trascendental y del prestigio sustentado en «la voz y la idealidad del sentido», como dijera Derrida (2008: 18), puesto que el poema ha renunciado aquí a las presencias plenas. De ahí que los parientes aparezcan bajo el efecto de la dispersión, cada parte del cuerpo despidiéndose de la organización que la contenía. Las palabras, desmembradas, abriéndose para romper las condiciones del ritmo y mostrar grietas e infracciones imprevistas; los archivos que resguardaban el tópico, volcándose con tenacidad; las enumeraciones de la sangre, construyendo un espacio de *excepciones morfológicas* que enrarecen la armonía del retrato familiar.

Al mismo tiempo, se observa la industriosidad del *trabajo diferido*, es decir, de la escritura; un adiós *mecanografiado* que no oculta las señas de su textualidad («Pág.») y que no pierde por ello el impacto de una radical despedida. Algo ha ocurrido en esta formulación. Esos ríos que *no* van a dar a la mar anuncian otro tipo de encauzamiento. Los flujos de la poesía han sido aquí reconducidos, por no decir negados, interrumpidos, hacia una dimensión desconcertante. Lo que termina aquí es una forma de hacer literatura, y la resaca que sentirá el lector ante semejante experiencia de lenguaje lo emparentará por fuerza con la despechada lucidez que Alonso Quijano ganara en su lecho de muerte («Total: morir después de la muerte»). Porque esta poesía parece estar, tanto como Quijano, al final de un largo entusiasmo minado por el despertar, y lo que expira es tanto el sistema de representación como el método trillado de su lectura.

Este poema, como tantos de Armand, parece operar en esa exigente zona de conciencia y renuncia extrema, despojado de las gracias y acordes de la tradición. Allí donde, hay que decirlo, es más ardua la expresión y más laboriosa la escritura, donde ya no hay recurso al canto ni a la embriaguez sino, por el contrario, el silencio erosivo de las sirenas, mucho más terrible, recordemos, que su canción, como enseñara Kafka, quien concibió como posible salvarse de aquel canto, «pero de su silencio ciertamente no» (Kafka 1978: 81). Se trata, en todo caso, de ejecutar la imposible «música de la nada» –para seguir con Kafka[3]–, problemática entonación de la literatura que enturbiará el funcionamiento del lenguaje, desplazándolo hacia una situación de encrucijada donde la voz de las fuentes no resuena ya[4].

Todos los ingredientes del caso están en el poema, pero como condenados a muerte, en *descomposición*: el pañuelo blanco de los adioses, el desgarrón de la despedida, el estrujado corazón alejándose, la orilla. Todo menos la biblioteca sentimental ni la retórica prevista. El «Estrujado corazón / en blanco», incluso, parece remitir más a una escena de escritura que al *pathos* simbólico del adiós, en tanto que

---

[3] Kafka en «Investigaciones de un perro», citado por Deleuze & Guattari 1990: 14.
[4] Véase Derrida 2008: 30.

late, blanco como una página, «entre dos dedos», bajo un aparente instrumento de inscripción.

Estamos de hecho frente a un paisaje inusual, heterotópico, sin el rebrillo de la añoranza ni la hondura al fin y al cabo compensatoria de la aflicción. Un paisaje que ha renunciado a los siempre redituables dones de la profundidad y la extensión que supera en complejidad la ruptura de la imagen llevada a cabo en fotografía por David Hockney, constructor de una totalidad provisoria que no oculta sus particiones, pero que entrega, a diferencia de Armand, la promesa de una restitución. (Acercándose al cubismo, Hockney atomiza el paisaje fotografiándolo por parcelas que restituirá luego a una imagen mayor mediante el acoplamiento de fragmentos fotográficos que, al reunirse, complejizan ciertamente la percepción pero disipan, al restaurar la imagen cuestionada, la *tensión tecnológica* que en principio había afectado al paisaje).

La de Armand será una superficie alterada; digamos con él: una superficie como desesperación. ¿Es esta la relación del título con el movimiento entrecortado del poema? ¿Nos prepara acaso el título para lo que vendrá? Título y subtítulo se sustraen a sus funciones articuladoras y desplazan hacia una fase posterior su razón de ser. Es el cuerpo del poema, retrospectivamente, lo que tal vez ilumine escasamente o no la titulación postulada. Inversión de la estructura: lo que precede ha disipado su carácter anunciador; título y subtítulo son absorbidos por la dispersión del poema, porque nada ha de saberse con anticipación en esta poesía que elige el riesgo del sentido en lugar de su premeditación.

Los gritos, el mar, los parientes, los pronombres y los adverbios temporales, piezas de un paisaje fragmentado, qué nos entregan si no una ruina, qué sino una lengua rota, *desobrada*, «soberanamente hinchada», que no jerarquiza la heterogeneidad de sus componentes, es decir: una experiencia otra del lenguaje que busca ahora sus soluciones al margen de la Lengua, en su eventual destitución. Al lograr esa vinculación problemática entre titulación y desarrollo, el poema ha logrado afectar de algún modo el entramado y la estructura de su funcionamiento, dirigiendo hacia esas marcas estabilizadoras la energía de una desautorización.

La señalada fragmentariedad producirá una experiencia abrumadora, una fuerza centrífuga, digamos, capaz de borrar todo espacio de restitución.

Centrifugar: separar, según el DRAE, los componentes de una masa según sus distintas densidades (2001: 499). Lo natal (lo central), esto es, la lengua, la madre, la sangre e incluso la ciudadanía y la corporalidad («Una c/iudad como mi cuerpo esparcido»), son entregados a la experiencia de un mar inestable que disuelve los encadenamientos lógicos y la familiaridad. Las pistas del regreso serán hurtadas, «El viento quema hue / llas, estatuas de harina» y todo lo firme –el suelo, los caminos–, se devastará: «Camino sobre burbu / jas que estallan». Las pulsiones genealógicas quedarán bajo amenaza y la memoria, rota como el lenguaje, trabajará en la dispersión y no en la acumulación. La nación no será un imperativo para el lenguaje y el ser estará perdiendo su morada. El huésped del lenguaje habrá salido un instante fuera de sí y al dar ese paso singular, el arte poético todo registrará el efecto de un trastocamiento incalculable, con la fuerza de crear, para la poesía latinoamericana contemporánea, un mapa de *imposibles* planteado con temeridad, capaz de revertir, en gran medida, las lógicas configuradas, sustrayendo sus principios y desplazando sus problemáticas hacia lugares de escasa exploración.

Lo que se nos entrega aquí es entonces un abandono de lo literario escenificado como ruptura del cuerpo verbal y físico, una distancia cada vez mayor de la tierra firme del sentido. Sin lugar al que volver, el paisaje se ha hecho trizas. El poeta, convertido en extranjero de su lenguaje, asume un exilio radical, pierde los horizontes familiares y tuerce el curso de la lengua hasta desfundar y remover sus prescripciones.

Queda esa travesía trunca sobre el mar, esa figura de lo inestable, espacio «simbólicamente infinito», como dice Derrida (1997: 65), y por infinito aterrador. Queda esa orilla disuelta y esa escritura cuya suerte es echada a naufragar. El oleaje inscribiendo en el poema los signos de una indisposición: mareo, náusea, cierta sintomatología que parece registrar la escritura, cuyo cuerpo ahora contrae los males de ese mar de una sola orilla, porque sólo vemos el tajo del adiós. En ese lugar de desborde y separación, está ocurriendo la escritura.

El inventario consanguíneo del poema ha evitado nombrar al padre, y el mar, por un momento, es sucedido por otro mar: el de la sangre («De sangre, mar», termina por decir), como si la propia sangre (la herencia, la propiedad, la paternidad) fuera vertida finalmente en un cauce mayor e ingobernable, como si las filiaciones en riesgo por la separación perdieran también sus bordes, su estabilidad, y así desaparecieran en el oleaje del lenguaje. Reparemos que esta poesía ha emprendido un viaje sobre una superficie traumática, desesperada, digamos, que ha velado el canto, su entonación, y ha recurrido, en este poema, a frases entrecortadas, a palabras quebradas, sustrayéndose a las posibilidades de un encadenamiento mayor, de un paisaje gratificante, para formular sus cuestionamientos y diferencias desde un alejamiento de los esquemas habituales de ordenación, trastornando el lenguaje para mostrar el impacto de una ruptura poderosa: el 24 de diciembre de 1960, a los 14 años, Octavio Armand sale por segunda y última vez de Cuba, «El niño aquel, el único que sobrevive a todas mis (im) posturas, aún no distingue muy bien entre revolución y trastorno familiar, entre fuga y viaje» (Armand 1980a: 174). El poema, que indaga con violencia las consecuencias de la separación, tampoco administra con claridad los perímetros de la experiencia ni del lenguaje. Decir que las trizas del poema tienen la lógica del mosaico, sería pretender una organización neutralizante. Digamos, mejor, que en su constante devenir, entre viaje y fuga; en su crueldad lingüística y en su forzada ortopedia espacial, el poema da cuenta de un naufragio que acelera la memoria hasta su descomposición y aloja en la lógica de la fuga los elementos que lo constituyen. («Sal. Espuma. Luego, mar. Adiós / de un labio a otro»).

Si la figura del padre está negada por omisión, no lo estará menos la lengua madre, contrariada esta vez por un intenso trabajo textual.

El espejo de Lacan se ha roto, los fragmentos huyen de su imán.

En un momento posterior de su poesía, el padre será recuperado en un sitial intenso e insuperable, insospechado y perturbador: «Nací del vientre de mi padre», dirá el poeta, para luego informar: «y apenas puedo llegar a mi sombra» (Armand 1980b: 69). Lo que se plantea en ese «Autorretrato» –título del poema– es una curiosa inversión de la estructura simbólica, una alteración de la topología familiar, para mostrar quizás un nuevo circuito de las gestaciones verbales –¿una lengua padre?– y escenificar, no la adscripción a la Ley –porque esa lengua progresa sin refugio y quien escribe se hurta a su lugar y a su sombra (es «animal de carne escondida»)–, sino el señalamiento de una herencia superior que no puede replicar o merecer la escritura[5]. La insuficiencia es, de nuevo, la condición de su lenguaje. El poeta, otra vez, ha perdido estructura corporal –pedirá el cuerpo que le falta a una muchacha– y se verá impelido a corroborar, con cierto tono de urgencia («Mientras caen las tardes / y la nieve»), la realidad del hogar que habita y la escritura que apenas retiene sus consideraciones: «toco las paredes de mi casa / y escribo como si estas líneas / fueran leyes» (1980b: 69).

---

[5] «Añado que la gran influencia en mi lenguaje, en mi vida, es mi padre. Mi padre que siempre me habló de la necesidad de tener una palabra», dirá en otra parte (*El Universal*, Caracas, 27 de diciembre 1981: Cuerpo 4, 1-2).

Contra la pulsión doméstica

El hogar y su realidad, lo doméstico y lo familiar, son por cierto tópicos que podemos considerar intensamente cubanos, y la formulación de Armand a este respecto podemos ubicarla al final del arco que voluntariosamente describió José Lezama Lima en su *Antología de la poesía cubana* (1965), al rastrear (y ordenar) las pulsiones que, según él, atraviesan el nacimiento y desarrollo de la poesía cubana a partir del siglo XVI.

Preocupado por consignar los más tempranos avisos de lo nacional, Lezama registró las diversas expresiones de la sensibilidad insular, forjando una tradición prestigiosa tanto para la música como para la arquitectura, la platería e incluso la repostería.

En su novela más ambiciosa, el poeta nos habló de esas viviendas tropicales «en donde todo quiere existir y derramarse» (2006: 6); en el prólogo a su *Antología* –virtuoso asentamiento de una topología imaginaria–, describió el impulso constructor que huye del mar para fundar la ciudad, movimiento que se aleja de la orilla y se interna en la celebración del hogar.

Dejando atrás el mar y su rumor incontrolado, Lezama encarnará la fruitiva pulsión de lo doméstico, solazándose en la descripción de atmósferas interiores, mostrándonos la «casa cubana por dentro» (1965: 27). Citando a la señora Calderón de La Barca de paso por La Habana (1839), Lezama encontrará en un cortinaje de muselina blanca y de seda azul, en un tocador gótico o en el pesado escritorio de caoba, los datos de unas motivaciones cubanas capaces de estabilizar la cordialidad familiar y garantizar la fundamentación de un pueblo.

En el fondo, lo que Lezama procura en el paisaje insular es la solidez de *una casa*, una imagen que oponer al caos; un momento de integración nacional que posibilite el cumplimiento del destino insular... la imagen de un país en proceso de germinación y arraigo, capaz de proveerse a sí mismo la metáfora de su propio ser.

Así, nos hablará de la prodigiosa transformación del caos en cosmos, del triunfo de la ciudad y la imaginación frente a la dispersión, y reclamará para su país las fuerzas de lo simbólico, postulando una imagen unitiva que opere en la historia como la gran síntesis de lo cubano.

No se debe ignorar, sin embargo, lo atrevido de la irreverente empresa lezamiana. Al afirmar que Cuba inicia su historia en la poesía, Lezama está introduciendo un torrente extraño en esa Historia que quiere desplazar en favor de un ordenamiento mítico: una sustancia imaginaria capaz de corroer el retrato clásico de la nación y devorar el discurso propiamente histórico. «Usted quiere reemplazar el laberinto contemporáneo por el de los mitos, demostrar que hay hombres que se apartan de toda dicotomía», escribe Lezama en una frase que sin duda lo señala (Lezama Lima 2006: 340). Arriesgándose más, en páginas siguientes, afirmará que es el deseo –y lo está escribiendo un homosexual en una sociedad todavía conservadora– el que «al penetrar logra, por la superficie del sueño compartido, elaborar la verdadera urdimbre de lo histórico» (2006: 399). Tal abrazo de Historia y Eros, tal fecundación de cultura y deseo, ha debido ser una de las razones de fondo para temer y apartar la obra sin «dicotomías» marcadas de este autor del conjunto de voces autorizadas por la ética revolucionaria.

Pero Lezama, decíamos, en sus creaciones literarias como en sus reflexiones y ensayos, imaginó, en varios sentidos, un arca de la alianza familiar resistente al tiempo, para decirlo con sus propias palabras. Se empeñó en crear una República de las Letras, una articulación de la familia literaria. Él sabía, según Fina García Marruz, «que podía ser el trabajador secreto, invisible, de una casa para todos». (García Marruz 1997: 93). Al mismo tiempo, el repaso panorámico de la literatura insular con el que pretende organizar una expresión nacional –me refiero a su *Antología de la poesía cubana*– lo conduce a una exploración de la casa cubana como el espacio de instauración de unas costumbres y de una imagen de país presagiadas en la continuidad de las certidumbres filiales, y de ahí que resalte, en varios momentos de su obra, «el arraigo de nuestra célula familiar» (Lezama Lima 1965: 17).

Todo ese esfuerzo de consolidación imaginaria, todo ese trazado y acopio de gestos sociales y expresivos y su posterior integración en un imaginado destino insular, va a darse de bruces en una experiencia poética como la de Octavio Armand, marcada precisamente por la experiencia de la separación, la abrupta enajenación territorial y la pérdida de la casa; alejamiento de su país natal y privación de su comunidad verbal –puede decirse incluso que Armand es un poeta sin comunidad–. Internamiento forzoso en el inestable mar del exilio al que es lanzado en su infancia, escasa según el autor, «y como vuelta trizas» (Armand en Ortega & Ramírez 2008: 153); caducando, en ese giro inesperado de la Historia, la eficiencia de aquellos signos distintivos que Lezama había registrado como motivación de lo cubano y que Octavio Armand ve desaparecer conmocionado («Historia y azul / detrás del párpado: diente, él, ella, Ud. Adiós»).

Ubicada al final de la mítica insular desplegada por Lezama, la poesía de Armand encarna el caos de un mundo fragmentado, el recomienzo o fuga de lo cubano que implica su interrogación extrema y la alteración decisiva de su lenguaje.

El proyecto de Lezama, en la distancia, termina donde empieza el de Armand. Al primero lo mueve la pasión del legado y del archivo;

la obra del segundo estará marcada por la dispersión y la brutal ausencia de arraigo. Al primero le obsede el enviscamiento de una tradición, la acreditación de un entorno (inventa retrospectivamente el porvenir a partir de unos rasgos iniciales); al segundo, le tocará descomponer los tópicos establecidos y detener los textos culturales en un lugar radical. El primero satura el espacio, el segundo lo pierde con brusquedad. El primero sueña las fuentes de una Literatura insular, el segundo, desde afuera y a su modo, la habilita para un desgarrador cambio.

El uno se esfuerza por señalar el crecimiento de una ciudad ideal, el otro se aleja inconciliablemente de la *tierra firme* que lo salvaguardaba. Lezama, con Martí, conduce a la isla hacia un reino literario. Armand, retoma al «Apóstol» en su momento de mayor oscuridad, justo cuando, hincando los dientes sobre su lengua al morir en Dos Ríos, desaparecen en él verbo y paisaje. En esa significativa escena de autofagia en la que Martí devora su propia lengua (momento de extremo repliegue de la discursividad nacional), Armand halla la incisión brutal que pudiera igualar su experiencia a veces traumática con el lenguaje de la poesía. Se trata de un modo de estar en el lenguaje que quiere ejecutar un exorcismo contra el orden de la Lengua, menoscabando las gramáticas restrictivas de lo identitario.

Ese instante de consumición múltiple (Martí muerde, *consume* su propia lengua al caer sobre el campo de batalla, pero también, la lengua de Martí se consume porque *expira*), aparecerá en la poesía de nuestro autor como una de las ecuaciones verbales más significativas, atravesada como está de lenguas trabadas y torcidas, y como emprendidas contra la elocuencia y el paisaje: «¿Quién colocó esta lengua alrededor del / llanto?» (1974: 10); «Llevo la lengua enroscada en el rostro» (1974: 21); «La lengua rota / empolvada / lame tus huesos» (1982: 9); «Mejor la lengua / en el culo y ser profeta» (1982: 27). «Pues no hay un paisaje: hay una página, manchada. Y no hay arengas ni restauraciones / dóciles: hay un exorcismo» (1982: 49).

Cuando la geografía se cierra sobre él en Dos Ríos y es hallado con los dientes hincados en la lengua, el gran orador cuya voz e idioma bastaban «para llenar la casa y sus extrañas interrupciones frente al tiempo» –como dice metafóricamente Lezama (1988: 206)– produce su más extraño y conflictivo legado, si lo pensamos desde la poesía de Armand, esto es, la donación de una lengua rota e incontrolada; poderosamente intraducible, poderosamente fracturada; capaz de contrarrestar los afanes verbales de una comunidad que, incesantemente, pretendió la regeneración de sí misma al calor de la euforia de los discursos políticos y literarios, puesto que, como recuerda Armand, «Nuestros héroes favoritos son verbales» (Armand 1980a: 132).

«A la idea de un Martí que se construye cada día», advierte Antonio José Ponte, «faltaría emparejar la de un Martí rompiéndose» (2004: 132), tarea que, aunque no se admita aún, Octavio Armand ha cumplido antes que nadie.

Ponte postulará otra exigencia, retrospectivamente providencial: sacar a Martí «del museo de las santas escrituras e hincarle el diente por todos los flancos» (2004: 133). Esa demanda imperiosa, en toda su formulación, ¿no describe con fidelidad caníbal los heterodoxos procedimientos poéticos que Armand derivó del «Apóstol cubano»?

Heredero de esa lengua muerta que mata (al amenazar con su lesión cuanto ha construido), Octavio Armand parece organizar su expresión bajo esa conciencia de la desarticulación. De esta manera, su obra, al menos en su primera época – específicamente de *Horizonte no es siempre lejanía* (1970) a *Cosas Pasan* (1977), puesto que en la más reciente hay como un retorno de serena intimidad–, suscita la remisión a esa lengua *presionada* de Martí, figura que demarca, no lo olvidemos, la más autorizada zona de discurso para lo cubano.

Pero si ha partido de esa contradictoria escena de legación, haciendo girar subversivamente el legado, no ha sido para simplemente depreciar ni usurpar su poder simbólico, sino para someterlo a nuevas expansiones, anunciando el fin de su embalsamamiento y la generación de arriesgadas vibraciones críticas.

Cuando Armand construye un «soneto» mediante la repetición *ad nauseam* de un verso de Martí, («Yo soy un hombre sincero»), paraliza en seco ese acto confesional y enloquece por reiteración el contenido y estructura de la frase.

Eso que parecía una afirmación del ser, ¿no se desliza peligrosamente, ya en sus últimas reiteraciones, hacia el umbral de una matemática demente? Escalofríos políticos y risa involuntaria: «Yo soy un hombre sin xerox», dirá en su libro de exorcismos –como entre dos espejos– Guillermo Cabrera Infante.

(soneto)

Yo soy un hombre sincero
Yo soy un hombre sincero
Yo soy un hombre sincero
Yo soy un hombre sincero

Yo soy un hombre sincero
Yo soy un hombre sincero
Yo soy un hombre sincero
Yo soy un hombre sincero

Yo soy un hombre sincero
Yo soy un hombre sincero
Yo soy un hombre sincero

Yo soy un hombre sincero
Yo soy un hombre sincero
Yo soy un hombre sincero

«Penitenciales» (Armand 1980a: 131)

La frase quedará tan exhausta como el lector, cuya capacidad intelectiva ha trastabillado ante la reiteración obsesiva. Las funciones del pronombre, en su elemental aserción, han sido profundamente perturbadas. El «Yo», esa estatua de la sintaxis, caerá enloquecida de su pedestal hacia el cero de su anulación.

La transparencia de esta dicción no comunica nada (el «soneto» expresa sorpresivamente la angustiada sensación de la nada), y ese pronombre martiano, encarnación de una subjetividad nacional, en un momento de furia, parece haber sido como sacado del ensueño continuo del lenguaje, depuesto de la estructura que lo contenía y lanzado hacia las ruinas de la lengua que, al derrumbarse, recordémoslo, pervierte toda relación posible con el mundo.

Se trata de la desacralización tanto del impulso estatuario de la Historia como de la historia de los códigos literarios. Eso que el poeta ha llamado soneto no es tal cosa: los nombres, los géneros, las definiciones han entrado en un ritmo compulsivo y devorador en el que las apelaciones al uso sucumben ante una extrema transgresión. Al erigir esa *estatua verbal*, el poeta opone una fuerza crítica a la petrificación que produce todo culto a la personalidad, liberando al sujeto de la incautación histórica y renunciando a la pasividad de su recepción. ¿No le correspondía a Octavio Armand, desde la marginalidad a la que fue condenado por la Historia, pronunciar frente a su tradición la pregunta más radical?: «Disco de Festo: espiral escrita hacia el c / entro. ¿Y si no hay centro? ¡Qué siga el son!», dirá en otro lugar de la misma pieza (Armand 1980a: 138).

Pero lo escrito en el Disco de Phaistos[1] sigue el comportamiento de la espiral. Como si lo inscrito allí quisiera moverse, crear un escenario flexible en la piedra, perseguirse hacia un centro improbable,

---

[1] Disco de arcilla procedente de la edad de bronce que contiene una escritura circular no descifrada todavía, hallada por los arqueólogos a principios del siglo XX. Todo lo contrario, digamos, de unas tablas de la ley.

doblar el horizonte tradicional de la escritura y echar a andar, de cabeza, incesantemente, los signos dentro del círculo de arcilla en el que *se mueven*...

Que la historia en su rotación se descentre, pierda eje y sentido; que circule por otros surcos y que, por un momento, funcione fuera de la lógica del centro; que la escritura, al sugerir un recorrido circular —y a pesar del inamovible soporte que la sostiene—, rote y se aligere, parece pedir el poema. En su indigencia de sentido, recordémoslo, lo inscrito en el Disco de Phaistos no puede *fijarse*. Tal es el temperamento de esta poesía.

Al proponer una *pieza* verbal como disco se pretende desbordar el formato libro como sostén de la expresión. «Penitenciales», pieza llena de voces (refranes, canciones, *slogans*), no puede oírse, irreverente contradicción. Para aprehender su totalidad, hay que *ver* con detalle su disposición tipográfica, abrir los ojos (como Quijano), porque este «disco» no seducirá por melodía sino que, por el contrario, producirá un silencio interpelador, estremeciendo de ese modo el aparato cultural y lingüístico junto a las herencias asignadas.

El «soneto» arriba citado («Yo soy un hombre sincero») pertenece a «Penitenciales», publicado en 1976 de manera simultánea por Camilo José Cela en *Papeles de son armadans* y por Octavio Paz en *Plural*; descrito por Julio Miranda, otro poeta del exilio cubano, como un «cuaderno estimulante» y una «sabrosa provocación». (1977: 242-243)

Recogido luego en *Superficies* (1980a) —libro marcado por una feroz heterodoxia— y vertido posteriormente al inglés en *Refractions* (1994b), tendrá que reeditarse cada vez que los cubanos de adentro o de afuera se pregunten por el sentido y consecuencias del exilio, esa experiencia radical que marcó la segunda mitad del siglo XX cubano.

La irreverencia y penetración de esta pieza conceptual es tal, que podría disolver los afanes ontológicos de Lezama y echar por tierra la noción de teleología insular que quizás erróneamente se le adjudicó. Pensada irónicamente para salir en formato de disco —«jacket de disco,

45 r.p.m.»; «se podrá escuchar de diversas maneras»: «los grandes revolucionarios del Norte, en 33 1/3 r.p.m; los grandes revolucionarios del Sur, en 78 r.p.m.» (Armand 1980a: 129)–, la pieza recoge voces dispersas de la memoria cubana desgarradas de su contexto original. Una canción popular de la nostalgia republicana, un verso de Martí, otro de Julián del Casal o de Gertrudis Gómez de Avellaneda (repetidos *ad nauseam*); una cita del origenista Lorenzo García Vega –otro gran desmitificador–, una carta personal del propio autor, otros tantos juegos verbales e incluso una frase inolvidable de Fidel Castro que el poeta desafiantemente reitera[2]. ¿Para qué son congregados estos emblemas verbales? Para desentonar, para mostrar una heterogeneidad dispersiva y provocar el entrevero del mapa cultural; porque un mapa, lo hemos sugerido, es una orientación previa que este poeta no tendrá la gentileza de consignar. Por el contrario, las frases, omitiendo su procedencia, borrando el nombre que las podía unificar, se cruzan sobre las páginas para retardar o desautorizar toda jerarquía discursiva.

Cuando Armand llena un «soneto» con el verso reiterado de Martí o una «octava» multiplicando la frase de Silvestre de Balboa (¿poeta fundacional?), ocurre un vaciado inesperado: el discurso, perdiendo los atributos de la fluidez, se hipertrofia: retención y desfiguración, el lenguaje, en su reincidencia, se desfigura, no discurre más; se ha detenido por repetición, como un disco rayado, condenado a extenuar el sentido en una infinita revolución desesperada.

En el acápite 17 de este texto inclasificable, encontramos una pista para entrar en su dimensión conceptual: «Carteles = C(letra)es». Giro. Bustrofedon. Desdoblamiento e implosión; anagrama y palíndromo; azar: como si la ruleta del abecedario se hubiera detenido sobre una

---

[2] «(Refrán) / La historia me absolverá la historia me / absolverá la historia me absolverá la h / istoria me absolverá la historia me abs / olverá» (Armand 1980a: 151).

combinatoria insospechada que de pronto revelara al lenguaje en su abrupta materialidad. Dentro de «Carteles», observamos detenidas las piezas de su composición: «letra». Esto que ves, desprevenido lector, no es más que la combinatoria de un abecedario exacerbado –o como decía Phillip Sollers al ilustrar un estado de desengaño semejante: «CONSIDERAD EN PRIMER TÉRMINO ESTOS CARACTERES, SU APARIENCIA NO ES SU REALIDAD» (Sollers 2008: viii).

Al detener por repetición la letra de esos discursos que rebotan en la cámara de eco de la memoria cubana (Martí, Casal, un son, Fidel Castro), lo que se revela en ellos es precisamente su serialidad, su condición trillada, su voluntarismo y su narratividad de pronto interrumpida. ¿Podrán sobrevivir los discursos en la época de su reproductibilidad mecánica? Un defecto tecnológico –la raya en un disco– nos sacaría de inmediato del ensueño musical, nos despertaría a una materialidad brusca y desengañada.

> Los textos, obsesivamente reiterados como *slogans* o torpes letanías, se pierden en los con / textos que ellos mismos, duplicándose, trazan. El disco rayado deja de ser voz, música, carnaval. La repetición caricaturiza. Repetido catorce veces, un verso del Apóstol es mío o tuyo, de cualquiera. No se trata en absoluto de una osadía, de un *coup de texte*. La multiplicación le ha dado un sentido diferente, insospechable, antimartiano. Apóstol / apóstata: circulo. (Armand 1980a: 146)

Como un *ready-made*, al cambiar de lugar y cruzar lo heterogéneo sobre un mismo espacio, esta escritura ha afectado la estabilidad de los discursos trascendentales, sometiendo al lenguaje a una meticulosa distorsión interior, denunciando en él su carácter volátil y su frágil anclaje en la engañosa tradición del sentido: apenas una incisión en la sintaxis, como veremos, un espacio indicado por la barra espaciadora, y el verbo «escaparse», cortado en dos, se abriría para mostrar un rostro dramático e intempestivo.

(Definición)

Escaparse es caparse
Escaparse es caparse
Escaparse es caparse
Escaparse es caparse
Escaparse es caparse
Escaparse es caparse
Escaparse es caparse
Escaparse es caparse […]
(Armand 1980a: 150)

    Destruir y producir cesan su antagonismo en este extraño régimen verbal. Lo que se dice se desdice. Decir, aquí, implica en muchos casos la negación del decir. Curioso florecimiento: cuando se mutila, la palabra libera sentidos insospechados; en la errata o el sinsentido, es donde cobra más sentido. Lo más impresionante de este estribillo tal vez sea su vacío señalado: ese pequeño espacio en blanco que, como una guillotina, separa al verbo «ser» de la palabra que lo retenía: Escaparse es caparse. Y en ese aparente juego de palabras, en ese sistema especular en el que las palabras se desplazan y reconvierten, asoma de nuevo un riesgo fundamental: decir desde la precariedad, nombrar lo que se ha perdido o separado con un lenguaje descoyuntado: todo lo nombrado girando en torno a un centro inexistente: la casa, la lengua, la comunidad, e incluso y sobre todo la posibilidad de escapar, rotando desesperadamente hacia un centro hipotético que prolifera donde no está.

Autorretrato en ruinas

    Tengamos presente el poema «Autorretrato» (1980b: 69), ya parcialmente citado y comentado en la página 33, y veamos en él la confluencia de unas pulsiones que por fuerza desacatan el llamado de Lezama (a fundar una casa[3]) y la capacidad de causar la crisis de sus categorías, como si la condición de exiliado de Armand, su vivir *por fuera* del lenguaje y de la historia nacional, lo hubiera llevado a inscribir sus gestos entre las ruinas de una casa abandonada; y a escribir desde el lugar más endeble y marginal, con una lengua «soberanamente hinchada» y «enroscada en el rostro»; pretendiendo, en las paredes de esa casa espectral que veíamos en el poema, un mínimo de solidez para sostener su historia.

Allí, en ese lugar sin lugar, recordémoslo, Octavio Armand dibujó su autorretrato paradójico e incesante; el de alguien cuyo nacimiento ha sido trastornado, en cuya desposesión apenas puede retener un poco de sombra, «animal de carne escondida». Recordémoslo para continuar (Armand 1980b: 69):

Autorretrato

Nací del vientre de mi padre
y apenas puedo llegar a mi sombra.

Soy un animal de carne escondida.

Le dije a una muchacha:
necesito tu cuerpo;
préstamelo.

Ahora soy más fuerte.
Mientras caen las tardes
y la nieve,
toco las paredes de mi casa
y escribo como si estas líneas
fueran leyes.

---

[3] En cierta forma, Lezama es la reiterada presencia del impulso familiar y doméstico, según lo definió alguna vez Armando Álvarez Bravo.

La resonancia de aquel estado de expresión en el que las palabras *se van de las manos* (burlando los ejercicios de control) y que, al girar sobre –y dentro– de sí mismas, como hemos visto, multiplican los riesgos de nombrar, puede percibirse también en el siguiente poema, tomado de un libro anterior, prueba de que este modo de desubicar las palabras y contrariar el camino hacia el sentido atraviesa de principio a fin la apuesta poética de este autor, y es, con seguridad, uno de sus más insistentes desafíos.

Tamaño de mundo (Soneto)

Hay un poco de muerte en las p
alabras. Hay la memoria, que p
one su muñón entre las cosas,
como un crimen. Y esta soledad

– jadeante, inútil – de geom
etría. Aquí, en todas partes.
Donde termina el cuerpo, sólo
distancia o ruidosa enferméda

d. Lo que muere o lo que mata,
lo que muere es lo que mata. S
ólo dos cuerpos y lo que cabe

entre dos cuerpos, tamaño de m
undo. O inocencia, como pitido
s en el aire cuando ya no hay

pájaro.
        (Armand 1977: 61)

«Hay un poco de muerte en las palabras», dice. Hablamos al principio de lo literario que muere y vimos, más arriba, cómo, en lo que llamábamos la *estatua verbal*, los discursos de la memoria detenían su curso ante una extrema intervención textual, lo cual ponía en evidencia una capacidad extraordinaria: la del lenguaje para hacerse morir a sí mismo y, al mismo tiempo, la de la poesía para ensayar nuevos cursos sobre sus ruinas declaradas (piénsese en «La desesperación como superficie»). Luego veíamos al sujeto del poema desapareciendo en una extraña pérdida de límites, la voz de alguien sin densidad, «de carne escondida», alcanzando apenas su propia sombra. Tenemos ahora, de nuevo, el escenario de una separación perfectamente dibujada: la del nombre y la presencia por él convocada; la del pitido «en el aire cuando ya no hay / pájaro». La de la memoria, sin extremidades ni posibilidades de articulación, que «p/ one su muñón entre las cosas, / como un crimen». ¿No encontramos aquí la continuidad de aquel gesto que descompone y fractura los miembros del lenguaje?

Lo filial, la memoria, la infancia, la nación y el lenguaje hechos triza. Como si en la obra de Octavio Armand la destrucción fuera un punto ubicuo que descentra la posibilidad de decir en toda su geometría. Hemos visto cómo al decir, el poeta niega o mata lo que dice, de ahí que sus palíndromos, recursividades y juegos verbales se carguen de una osadía que eleva a una dimensión de peligrosa paradoja sus apuestas lingüísticas, que incesantemente hacen recomenzar en otro lugar al idioma, enloqueciendo su estabilidad.

Maurice Blanchot ahondó en esta condición del lenguaje como crimen. Decir, para el heterodoxo pensador francés, era también desposeer, vaciar la presencia e intercambiar sus desapariciones. «La palabra me da el ser, pero me lo da privado de ser. [...] Desde este punto de vista, hablar es un derecho extraño». Siguiendo a Hegel, Blanchot agregará que imponer un nombre a las cosas es también aniquilarlas. Nombrar y matar, caras de la misma moneda, forman parte de la economía poética de nuestro autor, consagrado como hemos visto a tal precariedad. «Hay un poco de muerte en las p/ alabras», dice, pero «lo que muere es lo que mata». ¿Se refiere por igual al acto de nombrar? «Mi lenguaje sin duda no mata a nadie», sigue diciendo por su parte Blanchot, «Sin embargo: cuando digo "esta mujer", la muerte real se anuncia y está presente ya en mi lenguaje; mi lenguaje quiere decir que esta persona, que está aquí, ahora, puede ser separada de sí misma, sustraída de su presencia y su existencia y hundida de pronto en una nada de existencia y de presencia; mi lenguaje significa en esencia la posibilidad de esa destrucción» (Blanchot 1991: 45). ¿No reposa bajo estas palabras otra escena de mutilación?

«Me nombro, es como si entonara mi canto fúnebre: me separo de mí mismo» (Blanchot 1991: 46). Esta falta de ser en el decir, esta conciencia de nombrar *matando*, está en el centro de la poética de Armand. De ahí esa lógica de expresión que cuestiona el propio acto de decir; de ahí las paradójicas negaciones lógicas que afirman el fracaso de pronunciar el mundo y desestabilizan de inmediato sus relaciones. Su poesía no sólo enfrenta el vacío que yace detrás del decir, sino que entrega la integridad de sus palabras a una especie de exilio interior en el que ellas se separan de sí mismas con la fuerza de una arbitrariedad desconocida.

El yo de esta poesía también morirá, pero lo hará, digamos, en medio de una celebración irónica. Elusivo, lúdico y cuestionador, ese yo huirá de sí mismo y de sus acostumbrados alojamientos prestigiosos, venciendo todo acuerdo tácito y compareciendo ante una gestión que pone en peligro su propia consistencia.

Si el poeta alguna vez fue un semidiós (un «pequeño dios», como decía Huidobro); un Adán que inauguraba mundos, signado por una labor providencial y dueño de una ilusoria omnipotencia lírica, en la poesía de Octavio Armand la figura del poeta, ese que pasa la vida «nombrando sombras y rincones», enfrentará los más hirientes alegatos.

No olvidemos que todavía en la última década del siglo pasado, un lector agudísimo (y autorizado) como Guillermo Sucre reconocía lo religioso como una de las claves de aproximación para la poesía hispanoamericana: rescatar lo religioso, lo humano, «¿no podría ser este el punto de convergencia de nuestra poesía contemporánea?», preguntaba el crítico, para apoyarse luego en el Ramón Xirau de *Poesía y conocimiento* (1978) y aseverar: «la poesía es siempre *religiosa* porque ella nos *religa* [...] no sólo con los otros y lo Otro, con lo que apenas podemos intuir: el vasto universo»[4] (Sucre 1993, II: 18). Luego repetirá, con Tomás Segovia: «todo debe conducirnos a una *anagnórisis*». Pero si algo erosiona definitivamente la poesía de Octavio Armand son estas cláusulas de hospitalidad divina y auto-reconocimiento en que poeta y lector emprenden el hallazgo de su propio –aparente– rostro. En su poesía no habrá tales *paraísos artificiales* («Eres Adán / en un paraíso mezquino», dirá) ni el poeta asumirá labores de rescate alguno. En cuanto a los espejos, los que cruzamos aquí nos devuelven la figura de la contradicción: mirarse en un espejo será verse en otro: dimitir –*desligarse,* precisamente– de ese rostro al que nos condenaba todo espejo. Fin de la anagnórisis y verdadera religión de lo otro. Hallar dentro del propio *rostro* el anagrama del *otro*: descubrir que la astucia se escondía en una convergencia menos sagrada que alfabética, esa última constelación que aún resplandece sobre la página.

La poesía de Armand, poblada de espejos que borran, sobrevivirá al margen de esa gloria aclamada y de aquella anticipada recompensa con que los poetas solían halagar sus vanidades (igualándose a los dioses), porque para ejecutar su empresa radical, él tenía que transgredir y revocar esas piadosas ebriedades.

---

[4] Armand se referirá, en cambio, a una vastedad «que ya no nos confunde tanto», y preguntará: «Con cuánta razón nos equivocamos / al sentir el aguijón del infinito»; «Cuándo y hasta cuándo debatir / el tamaño de lo inconmensurable»; para concluir, irónicamente: «El infinito y yo nos parecemos / sólo en algunos detalles». Véase «El infinito y yo» (Armand 1987: 17-20).

La forma entrecortada de algunos poemas, la arbitraria separación silábica o las fuerzas adversas a las que somete el idioma, remiten a un estado donde la lengua está siempre *fuera de lugar*[5], en constante fragmentación y autofagia; extremando, de ese modo, las posibilidades expresivas y reconsiderando el sistema de la lengua todo desde su desfiguración. En esa especie de sustracción suicida, el poeta emprende sus disputas y desalojos, cumpliendo allí, en un mundo afectado por un lenguaje sin medida, el desencadenamiento de una poética que amenaza con desintegrar los acervos del idioma. «El alarido de un mudo, / luego resuelto, o disuelto, en una sintaxis que por aproximacio- / nes desencadena cierta reconocible precariedad. El lenguaje / como estado de sitio para la posibilidad de un eco, atroz, aplastante, que es otro lenguaje»… (Armand 1980b: 15).

Esperanza Figueroa, cubana exiliada en Nueva York y autora de una temprana reseña de *Entre Testigos*, llama la atención sobre el «Poema de llamada», intuyendo en él la fragmentación de la comunidad y la soledad y dispersión del exilio. Sobre este poema, Figueroa asegura:

> No se puede explicar mejor la soledad neoyorquina que con la condensada biografía de Octavio Armand a la cabeza de su libro de versos. Nos da su historia en un pedazo de página, con la guía de teléfonos, el nombre, la dirección de su familia entre desconocidos inmigrantes de todos los países del mundo, reunidos por accidentales conveniencias abecedarias. Nombres de gentes que no se conocen entre sí, sin nada en común, ni siquiera el barrio de residencia. (Figueroa 1977: 83)

---

[5] O «out of joint», en el sentido que Derrida toma del «Time is out of joint» shakespeareano. «*To be out of joint*», aclara Derrida, «se dice literalmente del hombro o la rodilla cuando se han salido de su sitio, cuando están dislocados, desarticulados» (Derrida, 2009: 19).

Poema de llamada

Arm Adolph 98-30 67Av FHIs . . . . BR 5-5033
Arm Auto Svce Inc 148-26 HillsideAv Jam 657-8104
Arm Auto Svce Inc 148-26 HillsideAv Jam . . . . . JA 3-9663
Arm Benj 165-07 GrndCntrlPkwy Jam 380-5296
Arm Brister Curlene 138-48 102Av Jam 291-9085
Arm Esther 47-60 39Pl LIC . . . . St 4-7938
Arm J 606 Beach22 FrRkwy 471-2385
Arm Julius 43-23 Colden Flus 762-2207
Arm Julius 43-23 Colden Flus 762-2821
Arm R 110-55 72Rd FHI . . . . LI 4-3226
Arm R 170-32 130Av Jam 978-0943
Arm Seymour 199-49 22Av Wtstn 352-0066
Arm Seymour 199-49 22Av Wtstn 352-0484
Arm William 47-21 BellBlvd Bysd 423-5396
Arm William Mrs 47-30 196Pl Flus 224-1306
Arm William J Jr 13-11 123 ClPt 539-4849
Arm Yuda 16-34 160 Wtstn 746-5072
Arma Sewing Machine Co 118-52 231 CmbrHts. 978-5837
Armada Brokerage 34-30 78 JkHts 458-6854
Armagan Hayri 34-20 78 JkHt 458-7623
Armagna Mary 135-09 96 OzPk . . . . VI 3-4984
Armagno Frank A 109-44 131 RhHI . . . . JA 9-2764
Armagno Helen 65-49 GrandAv Mspth 894-5370
Armagno J V 168-14 65Av Flus 358-3414
Armak Frank 73-32 195 Hls . . . . SP 6-9873
Arman Herta 166-05 HilndAv Jam 291-1796
Armand Carmen 145-70 226 Lrltn 978-0210
Armand Daniel 148-08 115 Av Jam 322-9357
Armand Gerald 145-70 226 Lrltn 528-3017
Armand Hazan signs 67-23 Burns FHls 261-3952
Armand Lewis Assocs 49-16 MaspethAv Mspth. 366-7600
Armand Luis 40-40 Hmptn Elm . . . . HI 6-4694
Armand Michel P 119-38 225 CmbrHts 528-8101

Armand Patrick 94-31 59Av RgPk 592-4624
Armand Pierre M 112-38 203 StAl . . . . .HO 4-9533
Armand Marchione 179-39 80Rd Jam 380-3185
Armando's Food Mkt 128-02 135Av. Wshvn . . . 529-9845
Armando's Restrnt 143-07 HillsideAv Jam 297-7036
Armand's Auto Svce 35-50 CollegePointBlvd Flus. 539-4232
Armani Jerome A 42-34 212 Bvsd 428-8826
Armanini Alfred A 31-74 29 Ast . . . . AS 4-3520
Armanini Jos 25-15 33 Ast 274-6324
Armanini Tony 111-72 41Av Crna . . . . HA 4-2653
Armann Chas E limosn svce 79-22 KneldAv Elm. IL 8-1983

(Armand 1974: 9)

Esta muchedumbre apretada es precedida por un epígrafe sobrecogedor: «No hay nadie / La presencia sin nombre me rodea», de Octavio Paz. Efectivamente, esos nombres sin presencia son como una nómina de muertos, una larga fila de lápidas textuales, un cuerpo ausente. A la luz de las inmensas alteraciones demográficas de la vida moderna que estudiara Marshall Berman (2004), la guía telefónica no es sino una instantánea de la muerte, un obituario involuntario de la humanidad.

Discreto apunte de la finitud, la guía telefónica será atacada por las fuerzas devastadoras de la temporalidad, que la convierten, rápidamente, en registro de lo obsoleto, en imagen de una multitud esparcida en fragmentos irreconciliables, cuyos nombres listados suscitan la aparición de pequeños sepulcros verbales.

En el haz de esa página, el poeta parece decir: tengo casa. En el envés: sé que va a desaparecer (está rodeada de nadies). La guía telefónica funciona entonces, en la época de los exilios y las profusas migraciones, como el registro de un naufragio o la inscripción familiar de unos candidatos para la muerte. La presencia de esos nombres no es vinculante y señala más la fisiología de la dispersión que el asentamiento de la célula familiar, puesto que el año entrante, con las nuevas mudanzas y los recientes decesos, algunos nombres desaparecerán y otros ocuparán, rápidamente, los viejos domicilios que *se borrarán* junto al pasado perdido que custodiaban.

De esta manera, Armand ha extraído de un opaco «texto» municipal, una inquietante potencia filosófica y estética a través de la cual logra realizar una autopsia del tiempo y la demografía modernos, pero también, un insólito autorretrato. De ahí que podamos advertir, en este inclasificable «poema», el ideograma del exilio y, más aún, su inobjetable y evasivo biografema.

El tiempo y la Historia harán trizas esos cálculos sociales, puesto que la guía telefónica —podemos intuir a partir de aquí—, ha sido escrita en *letra muerta*, y ella misma es, digamos, el idioma de los difuntos. *Cibus vermium*, la materia que señalan sus páginas está en permanente *descomposición*. Condenada por el tiempo —implacable agente deformador—, pronto perderá sus rasgos orientadores y su capacidad de administrar la geografía social, mostrando una impotencia precoz en tanto documento que pretendía garantizar el reconocimiento y la comunicación de las precipitadas muchedumbres citadinas. Cómputo de la muerte (porque la guía puede leerse como masiva y prematura acta de defunción), esa específica situación de lenguaje en que el tiempo tacha los nombres e interrumpe, a la larga, la ejecución del llamado (al separar, literalmente, al nombre de la presencia), guarda estrecha relación con la dificultad de nombrar que explora hasta sus límites la poesía de este autor.

Al caducar año tras año y exigir su permanente y desesperada actualización, la guía telefónica pierde a nuestros ojos sus fuerzas de convicción, ganando ciertamente otros atributos, más lúgubres y amenazantes, podríamos decir: los del tiempo que destruye lo nombrado, en tanto que anula con su paso la vigencia de esos nombres, haciendo imposible toda esperanza de apelación. Esa comunidad por un instante registrada no podrá ser convocada a la vuelta de los años y esa imposibilidad del llamado hace de la guía telefónica el escenario de una gran ruptura. ¿Acaso no denuncia la caducidad de nuestra identidad nominal, la fuerza del nombre? Y más importante aún, ¿no pone al descubierto una falla fundamental en el lenguaje? El nombre, al no traer de vuelta la presencia —que el tiempo habrá irremediablemente extraviado— fracasará en sus objetivos elementales. Por un instante, el nombre apunta al vacío, señala donde no está. La guía, por la fuerza corruptible que la atraviesa, se convierte en escenario del no-reconocimiento, y como en los viejos archivos empolvados, sobre ella, pacientemente, el olvido ejecutará su voracidad.

El «Poema de llamada» es, por lo tanto, un furioso aullido de nómada, el asiento trágico de una desaparición, que reproduce, en menor escala, la disolución de la patria. En la lengua muerta de los romanos, *domus* era casa, pero también patria. Según la lógica de este poeta —para quien una y otra se han desvanecido—, ese desprendimiento resultará en la elaboración de un complejo sistema verbal que asumirá como labor el llamado de lo que ya no está, la articulación de la insuficiencia, dando cuenta de la separación más terrible: el grito separándose del cuerpo, el cuerpo —familiar, nacional— desmembrado de su territorialidad; el nombre separado de la presencia, y a partir de esa carencia, a partir de tal amputación, producirá una obra cuyo lenguaje aloja dentro de sí el impacto de una experiencia perturbadora, como si la disolución de la casa y de la patria implicara también la inminente desaparición del lenguaje.

Por escandaloso que parezca, podemos decir también que este «poema» *no* ha sido escrito, en tanto que fue arrancado de un texto ajeno: la guía telefónica de Nueva York. Gracias a Esperanza Figueroa, advertimos además que el primer apellido de la lista es «arm», «brazo» en español: «arm, el brazo extraño en lengua extraña», dice, lo cual nos remite nuevamente a la escena de mutilación y desfiguración que permanece como fondo inquietante en esta obra y a la dispersión anatómica que veíamos en «La desesperación como superficie». La reseña finaliza con una instructiva imagen de asombrosa coincidencia con la aproximación que hemos procurado aquí. Sin demorarse en ello, Figueroa señala lo que nosotros íbamos a intuir en la obra del poeta: «En resumen», dice para cerrar su comentario de 1977, «un magnífico nuevo poeta, que pone su cabeza intencionadamente sobre las piedras sacrificantes» (Figueroa 1977: 85). ¿No coincide la azorada observación con la imagen de la decapitación que hemos querido levantar de estas operaciones verbales?, ¿no reporta al mismo tiempo la lógica de la «descuartización» física y lingüística que advertíamos, de nuevo, en «La desesperación como superficie»: «Una c / iudad como mi cuerpo esparcido»? (Armand 1976: 1).

La insistencia de la muerte en las palabras alcanzará una penetración extraordinaria en *Biografía para feacios* (1980b), libro que inquietara a Cioran[6]. Citemos de allí algunos pasajes *in extenso* para observar a vuela pájaro cómo el nombre fracasa, el llamado pierde sentido y alguien se hace pedazos al gritar.

Segundo cementerio

1
Once entre quinta y sexta.
Pequeño triángulo dibujado por sombras.
Nombres españoles, portugueses. Ilegibles.
Unas cuantas fechas arrastradas por el tiempo.
Polvo viejo de viejos judíos. Y mármol. Y yerba.
Cinco o seis tumbas para contar la muerte.

---

[6] En una carta al autor fechada en París el 15 de noviembre de 1981, Cioran habló, refiriéndose a ese libro, de la «*mystérieuse transparence*» (puesto que «*transparency* would no convey the full meaning of the french»), destacando su especial fascinación por «Sarah, 1826-1828», poema inspirado en la lápida de una niña en el cementerio de Bennington (que el poeta nombra «para borrarla mejor»), y cuya fuerza de atracción Cioran admite no poder explicar «rationally» (archivo epistolar del autor).

2
Dejarían de morir hace un siglo.
Callarían hasta gastar el nombre y la fe
en el nombre.
Ya no ahuecarán letra a letra sus palabras.
Quedan pedazos de tarde en la noche.
Y el viento que no sopla en sus huesos.
Ya no se preguntarán ¿por qué vivimos?
Y las raíces que no hacen bulla al tocarlos.
Hablaron un idioma extraño y su silencio
es aun más difícil.
Y lenguas que se volvieron pegotes de fango
en el museo, puñados de tierra santa en Jerusalén,
en Toledo, en Manhattan, en Lisboa.
Muertos en un cementerio también muerto.
Están aquí y nadie se da cuenta ya.   (1980b: 17)

A Lise

2
Estamos en Vermont
Y esta página es un pequeño cementerio.
Me acuesto con una muchacha.
Debajo de ella hay otra muchacha,
Más rubia que la luna.
Se llama Jessica.
La nombro para borrarla mejor.

3
¿Para qué nombrarlos?
Tienen la piel redonda de los niños.
Nunca se llenaron la boca
Diciendo me llamo y veinte frutas.
Vano asombro de nombrar o ser nombrado.
[...]   (1980b: 91)

Carnet de identidad
Estas palabras me persiguen, vidrios sobre la piel de una mucha / cha. Las digo, las callo, heridas posibles. Rotas, rotan, y son un / nombre, alguien que llama, que está llamando, tirando su boca, / sus dientes, su mentón, su lígula. Espejo que se acerca hecho tri / zas. ¡Moriré si pasan mi nombre por saliva una vez más! Me ma / tan, me dicen con los dientes, me muerden, soy la mordida. / ¿Muero? ¿Por qué le tiran piedras a mi nombre? He dicho epi / tafio, ¿comprendes? Han escrito mi nombre sobre una piedra. [...]. (1980b: 22)

Podríamos seguir hilando citas bajo esta clave de lectura. Hagamos de momento el breve repaso de algunos pocos elementos que sobresalen del conjunto. Los dos primeros poemas, «Segundo cementerio» y la serie «2» y «3» refieren la visita a un cementerio. En ambos encontraremos el nombre como problema y el fracaso de nombrar. Igual que en la guía telefónica, el tiempo borrará la presencia de estos nombres haciéndolos, en cierto sentido, *ilegibles*. La dispersión de los orígenes indicados remitirá nuevamente al nomadismo de la comunidad («Polvo de viejos judíos», «Nombres españoles, portugueses. Ilegibles»), esbozando las implicaciones de un exilio que desborda lo geográfico y acentúa aún más la remota extranjería de los muertos. De algún modo, estos muertos, aislados «en un cementerio también muerto», continúan su errancia bajo la tierra. En su libro clásico sobre el mundo antiguo, Fustel de Coulanges recordaba que el origen de las religiones se fundaba en el culto a los muertos, en la veneración de los antepasados, en el tributo que cada familia debía rendir a aquellos muertos que le pertenecieran por la sangre. Los latinos lo llamaron *parentare*, y sus leyes prohibían la participación de todo extranjero. «Tocar (el extranjero) con el pie, aun por descuido, una sepultura, era acto impío, a consecuencia del cual era preciso aquietar al muerto y purificarse a sí mismo» (Coulanges 1931: 38). El paso del poeta entre las lápidas extrañas, ¿no duplica su agobiante extranjeridad? ¿No lo aleja más de su tierra y de la posibilidad de reivindicar una comunidad? Los muertos compartidos fundan la comunidad. Al fondo de estos poemas, podemos ver cierta *vulnerabilidad* de la muerte: lo fúnebre edificante y el vínculo legendario que se produce a partir de la muerte son interrumpidos por la experiencia ajena de quien no puede reivindicar ningún legado familiar, de quien ha dejado atrás sus muertos y atraviesa ahora un país doblemente extraño.

Los poemas esta vez se sostienen sobre la problemática relación de los muertos con las letras y de los nombres con los muertos. ¿Para qué nombrarlos si faltarán a la apelación, si no podrán volver a ocupar el lugar de sus nombres? Tomemos la definición que sigue como una reveladora declaración metaliteraria: «Estamos en Vermont / y esta página es un pequeño cementerio» (que resuena con la sentencia «Hay un poco de muerte en las palabras» –esencial a su poesía–, dos frases que podrían resumir, conceptualmente y a grandes rasgos, una línea central de su proyecto poético).

Y si los muertos hurtan la presencia al nombre y desatienden el llamado haciéndolo fracasar, quien llama en el último extracto («Carnet de identidad») padecerá la desfiguración de su anatomía en el propio acto que ejecuta. Como si la expresión se realizara en escala salvaje y el poema presintiera una anatomía que rebasa las posibilidades de la Lengua. Quien llama será hipertrofiado por el llamado, violenta recursividad: «alguien que llama, que está llamando, tirando su boca, sus dientes, su mentón, su lígula». Así mismo habla el poeta, que en lugar de organizar el discurso, parece estar siendo desarticulado por el lenguaje. Los muertos aprenderán a callar en su lengua de fango, y aprobarán junto al poeta el siguiente veredicto: el lenguaje ha muerto: «Yo / nosotros / tú / usted» [...] «él / ella / ellos», son epitafios, como leemos en otro poema (Armand 1980b: 100), mientras que las palabras, «rotas», son insuficientes para hablar.

Aquel antiguo hábito de los muertos (ahuecar «letra a letra sus palabras») da cuenta de un procedimiento crucial: cavar en la escritura, en cada letra, hasta producir una escritura alveolar. Invertir a

Braille. Escribir con un lenguaje que socava, regresar la lengua hacia un período indisciplinado e inicial –«Escarbo al revés con letras de niño» (Armand 1980b: 79)–, y a través de esa escritura menoscabada, rebelarse contra las imposiciones de la Lengua heredada.

No será arbitrario ver en esa representación de los muertos, en el sostenido ejercicio de silencio que predican, el agotamiento de un lenguaje sometido a la más persistente discrepancia: decir callando, escribir borrando, rasgar la escritura como tentativa de anular el abecedario y desollar la lengua del sujeto en la expresión. El poeta, como el enterrador de sus propias palabras, reflexiona: «esta página es un pequeño cementerio», y procede a cavar (a escribir) un hueco hacia *otro* lado.

La imagen de un abecedario ahuecado, escarbado o rasgado en su dimensión física será persistente en su obra e implicará un arriesgado cambio de perspectiva. El efecto de vaciar las letras será como poner una máscara al revés, como voltear el teatro de los signos y revelar en él todas sus afectaciones. Esclarecimiento atroz. Como profanar una sepultura y dejar sin resguardo unos símbolos que hacían del discurso un mundo pretendidamente compacto. El nombre, por un momento, se ha quedado vacío, desconectado, sin posibilidad de restituir y resguardar a sus antiguos propietarios, atrapados ahora en el borde exterior del lenguaje, tal como los cadáveres persisten *al otro lado* en su infinita migración; tal como los ciegos y los locos, personajes de frecuente aparición en su poesía, permanecen en el borde exterior de la sociedad y del lenguaje. Al confiar a ellos su palabra, el poeta persigue las más complejas condiciones de expresión. Al *darles* la palabra (veremos a quien parece hablar bajo los efectos de un electroshock en el «Homenaje a Ugo Cerletti», Armand 1977: 37-56), está entregando la administración del sentido a unas entidades que desviarán su curso incesantemente, evitando que el lenguaje prescriba sus inercias y produzca una estabilidad que el poeta rechaza con instinto predador.

Lacerando el lenguaje en su dimensión física y sometiéndolo a una devastación permanente, el poeta librará una guerra intestina con el sentido, en la que tal vez no habrá final ni vencedor. Lo que muestra el poema es un cuerpo sin sosiego, un lenguaje vulnerado por las fuerzas de la aporía o la contradicción. En el borde de la normalidad, el poeta funda sus relaciones. Insiste en señalar la cavidad latente del lenguaje, su revés ahora vaciado, para perpetrar un nuevo acoso y pronunciar una rara intensidad: «¡Llenar lo vacío con lo que falta!» (Armand 1980b: 33).

«¿Será que quiero quedarme y ya presiento que tendré que huir / hasta acá donde estoy, donde quisiera estar, enterrado pero vi / vo?» […] «Estas palabras, lo sé, son un hueco. Un hueco organizado. / Mi verdadera casa es una tumba» (Armand 1980b: 34). El ciclo se ha cerrado. Momento de recapitular: la casa, el exilio, la figurada muerte y descomposición del lenguaje, todas las pulsiones de su poesía confluyen en estas palabras. Sintomáticamente, el poeta parece haber llevado a término los principios de su lenguaje, cavando su abecedario, podría decirse; cumpliendo en ese gesto antagónico el trazo decisivo de su particularísimo destino dentro de la poesía latinoamericana.

Por otra parte, los géneros también *perderán la cabeza* en esta poética que funde límites y borra fronteras. Figueroa, siguiendo la impredecible «racionalidad» que pone en marcha esta poesía, acierta en considerar esta hoja arrancada a un corpus extraño (el «Poema de llamada» anteriormente citado) como la más «condensada biografía» del poeta.

En ella se intuye el impacto y la dispersión del exilio, pero también, la contaminación y el declive de lo genérico. La autobiografía como texto ajeno, escrita por otro o por nadie. Y sin embargo, en medio de una página indiferente, la referencia emotiva (el nombre del padre): las señas de un tiempo y un lugar que problematizan, simultáneamente, el sentido de la geografía y de la memoria: «Armand Luis 40-40 Hmptn Elm . . . . HI 6-4694» (Armand 1974: 9).

Lo geográfico no contiene la desmesurada intimidad que señalan esos datos ni el recuerdo recupera el borroso domicilio.

Así, el «Poema de llamada», al tiempo que señala la fugacidad de la comunidad (la vertiginosa rotación del sujeto político y urbano) y la soledad del exilio, como veíamos, ha logrado convertir una página de índole notarial en un lugar de complejas e intensas especulaciones, cuestionando los principios clasificatorios y transformando el carácter documental de la guía telefónica hasta imprimirle un valor filosófico y biográfico.

En páginas ulteriores, Armand presentará otro provocador e inclasificable «Autorretrato» (Armand 1974: 56), donde inserta un texto en idioma extranjero asignado con perversidad a un poeta contemporáneo. Este poema (otro presunto autorretrato, según la titulación) es seguido por un texto en francés (la *Lettre aux recteurs des universités européennes* de Artaud, nada menos) refrendado por el nombre de Nicanor Parra (presunto antipoeta). Al mezclar así las piezas del sistema literario, Armand desliza la creación consciente de una pista falsa, señalando con ello el éxodo perpetuo de las convenciones literarias y la emergencia de un espacio insólito cuya aparición cuestiona los géneros discursivos diseminando sus rasgos, desplazando sus geometrías, reorganizando conflictivamente –como en las cárceles de Piranesi– las expectativas lógicas y sus respectivas conexiones.

«Pequeño dios», poema perteneciente a una época de más sosiego formal pero con el aprendizaje de toda la irreverencia inicial en su fondo, parece organizar en sí mismo las búsquedas e iluminar las interrogantes que ha llevado a cabo Armand desde su primer libro (cuyo título, *Horizonte no es siempre lejanía*, es tan paradójico como revelador, en tanto que postula de entrada que las cosas no sean *siempre* lo que son, y donde se advierte ya el movimiento de «las células circulando en despedida», aludiendo quizá a ese giro de la Historia

–la Revolución cubana– que haría entrar en franca contradicción aquella pulsión doméstica tan cara a Lezama, echando por tierra su proclamado «arraigo de nuestra célula familiar»)[7].

En el «Autorretrato» (1980b: 69) advertíamos que el sujeto del poema había perdido estructuración; que el cuerpo le faltaba a su sombra y que sus hábitos no pueden sostener ninguna corporalidad, al punto de que el sujeto del poema debe tocar –para creer– los límites del hogar e imaginar un *como si* para la escritura… «y escribo como si estas líneas / fueran leyes», sospechando así la improbabilidad de toda certeza.

En «La desesperación como superficie» veíamos, en un mismo plano centrifugado, las partes de un cuerpo desmembrado en el adiós (pómulo, pie, diente), los pronombres personales y la unidad de la palabra en franca desorganización. Esta falta de estructuración, común a estos poemas, se asociará en otros momentos, de manera lateral pero significativa, a cierta dimensión sutil de lo cómico, ese desplazamiento brusco del sentido que atraviesa con fuerza la obra de Armand. Bergson, que ha visto en la risa una fuerza expansiva, reconociendo en ella las pulsiones de una desestructuración, ha puesto el acento sobre la mueca y la deformación como consecuencias de lo cómico que revisaremos en el siguiente apartado.

---

[7] Dolorosa ironía: años más tarde, el denodado constructor de ese arraigo insular, escribirá a su hermana en el exilio: «Si morirnos es separarnos de todo lo nuestro, la separación de todos los nuestros es también morirse» (carta del 16 de septiembre de 1961). «¿Qué tiempo demorará que este desconcierto se concierte, que a este caos le surja un cosmos con nariz y todo?», preguntará contrariado por el absurdo quien antes imaginara un destino sorprendente para la cultura nacional. Véase Lezama Lima 1978: 141-143.

La lengua presionada

La mueca como deslizamiento del rostro, el efecto cómico de la descomposición (Foucault hablará de la risa como impugnación; Barthes, de la risa que destruye y fecunda[8]). La palabra proferida sin alcanzar la plena articulación, la risa como sonido indefinido que querría prolongarse. El cuerpo del jorobado que, al no completar las fases de formación, representa una escapatoria cruel del mundo organizado, que ridiculiza, altera y cuestiona el orden de la naturaleza.

Un efecto similar ejerce la poesía de Armand con respecto al lenguaje, no solamente por sus reflexiones sobre la estética de la fealdad en el campo del ensayo sino por los rasgos cómicos y crueles que imprime tanto a la materia verbal como a los usos literarios. Contrariando esta vez el uso cultural de los epígrafes, Octavio Armand elige las siguientes palabras como pórtico para una sección de *Entre testigos*:

Ay
Humberto Díaz-Casanueva

Epígrafe seguido de un objeto verbal tan agudo e imposible como las paradojas de Lichtenberg (tan jorobado, por cierto, como Zenón):

Dió una carrera á caballo
sobre el filo de un cuchillo

versos estos de Manuel de Zequeira y Arango, poeta cubano del siglo XIX a quien el propio Armand antepone como alternativa demente a la estética martiana. El primer epígrafe es más bien un epitafio. Allí muere y se entierra el arte de la cita y su legitimidad, así

---

[8] Véase Foucault 1996: 139 y Barthes 2004: 68.

como también la psicología de los grandes nombres[9]. Las palabras del poeta prestigioso convocado son más precarias que la distancia que recorren (sobre un filo cómico) las letras de su nombre. Lo que se critica aquí es la transmisión de autoridad entre poeta y poesía, cuestionando, hasta interrumpirla, dicha relación.

Wallace Stevens también advirtió el ridículo de esa transmisión y en un epigrama enumeró con ironía las tribulaciones del poeta: «1. El prestigio del poeta es parte del prestigio de la poesía», «2. El prestigio de la poesía es esencial al prestigio del poeta» (Stevens 1977: 24). El automatismo de esta contraprestación va a ser cuestionado junto a la economía autorizadora de los epígrafes, que ha perdido ahora su estructuración al mostrar un desbalance crucial entre mensaje y mensajero. El brevísimo epígrafe ¿no alude a la reacción que tenemos al enfrentar la deformación? Y al mismo tiempo, ¿no representa finalmente la crítica mordaz del arte propio? El mensaje, como vemos, es apenas una interjección; el mensajero, una larga serie de sílabas resonantes que nos entregan el nombre como exageración. ¿Es esto, apenas una ridícula interjección, el testimonio del poeta?

Armand someterá los lenguajes poéticos a un extremo y renovador estado de descomposición, en el cual los presupuestos de la expresión literaria recibirán el impacto de una descarga eléctrica, como si su obra registrara nuevamente el momento de transformación en que el cisne de Darío («¡Oh sacro pájaro!») deviene Quasimodo deformado, haciendo girar el cuello del cisne –ese plácido signo de interrogación– hacia la figura interpeladora y desconcertante del jorobado. Como si en ese vertiginoso giro de 360 grados girara la poesía toda, y el cisne de Darío, atravesando diversas sensibilidades desde su propio eje convulsionado, hubiera cristalizado en la figura opaca e incongruente, cómica y desfigurada, del jorobado. Digamos

---

[9] Como diría Nietzsche al cuestionar el prestigio nominal de los filósofos (Nietzsche 1979: 17).

que la poesía de Armand, secretamente, restablece esa continuidad interrogante, ese signo de interrogación permanentemente abierto que se manifiesta tanto en la figura del cisne como en la del jorobado, entre Darío y Quasimodo pero también entre Altazor —ese otro *pájaro* fundamental de nuestra poesía— y Lichtenberg, jiboso «desertor de la supuesta realidad» (Armand 2008: 27). En ese concierto de figuras raras y contrahechas (Lichtenberg, Zequeira, ciegos, locos, mancos, Cerletti y su invención del electroshock, entre otros) Armand parece fundar la fisiología de su escritura, cierta perturbación de la lengua que disipa la *ortopedia* del idioma y la abre a lo que la excede, aplicando torsiones a la materia verbal y contrariando la hegemonía discursiva de la propia poesía.

Volviendo a Zequeira, tenemos que para Cintio Vitier éste fue un poeta embrión, prehistórico, situado en cierto «ámbito prenatal y caótico» de la poesía cubana (Vitier 1969: 5). La lectura que de él hace Armand, por su parte, nos devuelve a un poeta de verbo arriesgado, contemporáneo; un desterritorializador (en diálogo con Malevitch o Magritte). Lo prenatal y caótico señalado por Vitier, ¿no es vertido como líneas de fuerza en la poesía a ratos esquizoide de Armand? Eso que no podía articular un cuerpo o una conciencia, lo caótico y prenatal, están, como hemos visto, participando en la desarticulación del sentido en esta poesía. Para él, Martí fundará una tradición (y una *traición*); en cuanto a Zequeira, su profunda tradición ha sido «no tenerla», y lo que señala en la poesía del poeta esquizofrénico[10] del siglo XIX cubano no es menos que la operación que nosotros hemos advertido en la suya: «el poema (des)centrándose en su propia (dis)torsión» como «mínima épica estructural» (Armand 1980a: 81).

La desmesura frente al sentido ejecutada en el siglo XIX por Manuel de Zequeira tenía que impresionar a un poeta como Octavio Armand,

---

[10] «Lo cierto es que en Matanzas empezó a volverse loco [Zequeira], a creer que poniéndose el sombrero se hacía invisible», recuerda Vitier (1969: 8).

tan dado a frustrar (y desviar) el mecanismo del sentido y tan interesado por el habla en situaciones extremas, esquizoides. Al margen de su empeño en hurgar en el revés del idioma, ahí tenemos como prueba de este interés el irónico e intenso homenaje que rinde en su poemario *Cosas pasan* a Ugo Cerletti –inventor del electroshock como terapia antiesquizofrénica–, donde sintomáticamente leemos: «La lengua te quema / es un hormiguero» (1977: 44).

«Electricidad co / ntra memoria», explicará Armand en nota final, «También el poema – como conducción / : contacto – intenta producir la tentacular expa / nsividad del sueño» (Armand: 1977: 55). De Zequeira a Cerletti sólo media un paso; de las *Décimas* del primero al electroshock del segundo, un expedito pasaje comunicante se abre para producir la anamorfosis de los sentidos. Pero ampliemos el *campo magnético* subyacente a su poesía, y veamos en *Altazor* un oblicuo antecedente de la gramática electrocutada que Armand imagina a partir de Cerletti. ¿No habló Huidobro de ciertas «transfusiones eléctricas entre sueño y realidad»? ¿No imaginó la poesía como una descarga eléctrica que «se propaga por todas partes, iluminando sus consumaciones / con estremecimientos de placer y agonía»? (Huidobro 1978: 22). He aquí la demente incitación de Vicente Huidobro: «Sigamos cultivando en el cerebro las tierras del error» (1978, 21), estableciendo las coordenadas de un delirio verbal (un delirar de la lengua) que lo llevó a pretender un itinerario poético que sobrepasara las condiciones de posibilidad de la poesía que le era contemporánea, gesto, por lo demás, característico de las vanguardias.

Lichtenberg, cuyo enloquecedor cuchillo sin hoja ni mango parece heredar Zequeira, se enamoró de las tormentas –dicen que incluso las coleccionaba– y estudió con rigor el comportamiento del rayo. Quiso atrapar su fulguración, detenerlo en el momento de su descarga, registrar su arbitraria anatomía. Instaló el primer pararrayos de su universidad e inventó las llamadas «Figuras de Lichtenberg», mapas de una fulminante dispersión. Para la estética donó sin duda su joroba; para el pensamiento, sus repentinos y devastadores aforismos: «Apenas alguien tiene una deformación, ya tiene ideas propias», anota crítica y autorreferencialmente; y es la posible relación entre deformación y pensamiento lo que va a ser capital para entender ciertas operaciones en la obra de Octavio Armand. Bataille decía que la dislocación de las formas provocaba las del pensamiento; digamos, entonces, que la permanente torsión de la materia verbal que observamos en esta poesía tiene por objetivo provocar un nuevo y extraño destino para el poema, y derivar, a partir de allí, en la medida de lo posible, un nuevo pensamiento, una insospechada y complejísima relación con el lenguaje. El saldo que nos dejará esta obra será entonces una desproporción que nos arroja desnudos frente a un lenguaje alterado que amenaza con borrarnos, con desconocernos mientras se desconoce, mientras se desgarra. Si la joroba (de Lichtenberg a Quasimodo) significa una huida de las reglas ortodoxas de la anatomía[11] y de la pretendida continuidad natural (al mismo tiempo que una inédita posibilidad para el pensamiento), la anatomía que el lenguaje gana (o pierde) al ser sometido a la adversidad del electroshock –la lengua bajo el peso de una brusca descarga eléctrica– significará la posibilidad de un *nuevo furor*, de un trastorno que reorganiza en una zona siempre desconocida, siempre en dispersión, las operaciones del lenguaje. «Rueda se dilata delata / relámpago redondo / Retoba la cara de perfil / no hay perfil / Opaca inmediatez / Tacto contra tacto contacto cacto» […] «Aquí / ahora no hay contornos sólo límites» (Armand 1977, 41-42), dice el poeta en su intenso, macabro y paródico homenaje al inventor del electroshock, Ugo Cerletti[12]. A pocas páginas de ese homenaje, el poeta ha acribillado el lenguaje con una

---

[11] Armand hablará incluso de «jorobrar».

[12] El «Homenaje a Cerletti», pieza de unas 20 páginas difíciles de insertar aquí, podría editarse por separado y funcionar de manera autónoma como lo hace esa otra pieza conceptual llamada «Penitenciales», de estilo y extensión semejante e igualmente válida como «programa» de su poesía.

serie de paréntesis que actúan como lentes o espejos deformantes (como si el ojo parpadeara perturbado por la escritura) insertados con arbitrariedad entre las frases, separando y prolongando las sílabas hasta detener y *desobrar* la lengua, haciéndola trastabillar –renquear como un Quasimodo[13]– en la cámara de eco de la locura.

Parábola de inútil perspectiva y escarceo

1
Círculos, esto digo y desdigo. Lo advierto : esto
(re(re(re(re/ comienza cuando termina)na)na)na)na
(re(re(re(re/ comienza cuando termina)na)na)na)na
(re(re(re(re/ comienza cuando termina)na)na)na)na
(re(re(re(re/ comienza cuando termina)na)na)na)na
)na)na)na)na)na)na)na   (re(re(re(re(re(re(re(
re(re(re(re(comienza cuando termina)na)na)na)na)
re(re(re(re(comienza cuando termina)na)na)na)na)
re(re(re(re(comienza cuando termina)na)na)na)na)
re(re(re(re(comienza cuando termina)na)na)na)na)
Esto advierto. Lo desdigo y digo. Esto : círculos.

Para Ivan Silén, el *Homenaje a Cerletti* de Armand será el «homenaje a una de las estructuras de poder más horribles que conozca nuestra época» (Silén 1978: 47). Para mí es todo lo contrario: ese *homenaje*, al imaginar una situación extrema para el lenguaje, ha logrado sofocar todo desarrollo de poder, toda circulación preconcebida de los signos e incluso la propia lógica consagratoria de los homenajes.

Quitándole los más expeditos atributos de articulación, la lengua herida del poema restringe el desarrollo del sentido y se refracta –se retracta, diríamos– hacia una condición de extrema autono-

---

[13] *Cuasi mudo*, diría él.

mía en la que el lenguaje parece haber burlado, pulverizándolo, todo estado de dominación: «Yo digo que tú dices que yo digo / Cada palabra borra anula absuelve / Se habla porque se miente»… (Armand 1977: 43-44). ¿Qué poder se reclamaría en una situación de habla semejante? La lengua es, precisamente aquí, un rayo dispersivo, una muchedumbre incontrolada: «La lengua te quema / es un hormiguero», recordémoslo. Mutación permanente y continua desfiguración del logos.

El sujeto que aquí habla (bajo los efectos de una descarga eléctrica) borra la escena del lenguaje, modifica la relación con él y pone en evidencia la *fugitividad* del código y su capacidad para sostener la desproporción de una arquitectura perturbada. En estas páginas el lenguaje proliferará fuera de sistema, y se convertirá, como el rayo o el erizo, en una figura *asistemática* que obedece a su propia ley imprevisible. Nótese que estas páginas no provienen del tenue recuerdo de un evento fulminante, sino que, por el contrario, son la respuesta activa de un lenguaje irreductible que desatiende los mecanismos del sentido y evade en sí mismo todo engendramiento de poder. Sólo un orador de Ionesco –o el Martí que muerde su lengua al morir– podría arengar a partir de una escena tan crispada.

«El homenaje de un poeta a cualquier tipo de represión, habla por sí solo del poeta», denuncia lapidariamente Iván Silén, desconociendo, al mismo tiempo, que la rebelión poética de Armand se esgrime precisamente contra la represión del propio lenguaje: contra su estructuración, sus hábitos y sus principios de ordenamiento, con la esperanza de trastocar sus prácticas y alterar su sistema de transmisión, y crear, en consecuencia, un espacio no determinado. Se trata de (repitámoslo por última vez): «Electricidad co / ntra memoria».

En su afán de *desdecir* la Lengua (y de decir *nada*), Octavio Armand, secretamente, se habrá soñado un Cerletti operando sobre el cuerpo del lenguaje, redoblando sus patologías y atrofiando sus sistemas de relación, para calibrar, de esa forma, en la lengua derribada, sus posibilidades más extremas, sus proezas esbozadas en un más allá del lenguaje.

Manuel de Zequeira –*Lichtenberg cubano*– «es un exceso», dirá Armand, resaltando en su obra su «delirante asimetría» (Armand 1980a: 77). Lezama, ocupado en hacer coincidir las expresiones cubanas con cierto destino insular, elogiará en Zequeira el sostenimiento de una resistente cubanidad que supera los embates del delirio y los desajustes de la insania, «ofreciendo en el juego de lo grotesco temas que parecen de comparsa» (Lezama Lima 1965: 21).

Las *Décimas* de Zequeira parecen preparar el terreno para que entre al habla cubana esa tradición del disparate que se continuará luego en la música popular (y de cierto modo en el choteo), cuya mecánica verbal consiste en asomar –tras una breve oscilación– el abismo de lo prohibido, la amenaza de una bifurcación que trueca, como por accidente de última hora, la promesa del sentido, desplazándolo bruscamente hacia otras jocosidades y alegrías[14].

Cercana a la alucinación y a la alternativa grotesca, el juego verbal que Zequeira desplegó en sus *Décimas* parece asomarse hacia la desintegración o el delirio. Su lógica alterada, el *desastre* que propone como sentido, tan renuente a las filiaciones edificantes, explica por qué Armand percibe en él «un asombroso grado de modernidad»:

> *Décimas*
> Yo ví por mis propios ojos
> (Dicen muchos en confianza)
> En una escuela de danza

---

[14] Recuérdese aquella pícara melodía popular que solía cantarse en la infancia: «Este otro amigo mío / que es un hombre muy seguro / se comió cuarenta chiles / y cómo le pica el ... Cuuubanito soy señores / cubanito y muy formal / vale más ser cubanito / aunque Usted lo tome a mal». Las versiones son infinitas (véase «Los cubanitos» interpretada por Los Hermanos Pinzones junto a Los Guaracheros de Oriente, Bravo, 1969).

> Bailar por alto los cojos:
> Hubo ciegos con anteojos
> Que saltaban sobre zancos,
> Y sentados en los bancos
> Para dar más lucimientos
> Tocaban los instrumentos
> Los tullidos y los mancos
> [...]
> Entonces dicen que fue
> Cuando con presteza zuma,
> Salió huyendo Motezuma
> Sobre el Arca de Noé:
> A este tiempo Berzabé
> Con chinelas y tontillo,
> En Mantua asaltó un castillo,
> Y entre otras cosas que callo,
> Dio una carrera á caballo
> Sobre el filo de un cuchillo.
>
> (Lezama Lima (ed.) 1965: 303-305)

En ese espacio desjerarquizado, arbitrario y demente, coincidirá luego Heráclito con Sancho Panza, el Cid con Homero o Virgilio. Carlos doce, Rey de China, enviará cartas a Agripina, y una serie de puentes subterráneos irán conectando zonas incompatibles de la razón, hasta provocar un estallido de la causalidad histórica y un infierno en las lógicas de la ordenación.

Como si Lichtenberg le hubiese entregado su enloquecedor cuchillo, Zequeira fundará en la poesía cubana la posibilidad de un *electroshock*, una breve negación de la conciencia, ampliando, en esa descarga inconcebible, la probabilidad de relacionar conceptos corrientemente separados por la razón, que un poeta como Octavio Armand iba a reeditar, elevándola a nuevos niveles de complejidad, un siglo más tarde.

Si en Zequeira los ciegos usan anteojos, los mancos y tullidos producen (o defraudan) la música (tema kafkiano), en las páginas de Octavio Armand aparecerá un ciego con dificultades en la vista y un manco malhumorado que no le da la mano a nadie:

Poética num tantos (Soneto)

aclaro que este ciego no v
e bien que el manco no le
da la mano a nadie que aqu
él pide limosna y es muy p

obre que es tan pobre y ta
mbién pide limosna aclaro
en fin que después de tant
os años Luis es viejo toda

vía [...]
(Armand 1977: 13)

Lo que se *aclara* aquí, abruptamente, es que lo que se *ve* no es lo que parece (dicho con una ironía a lo Magritte, que supera en complejidad al «ciego con anteojos» de Zequeira); que el tiempo (concepto que implica «toda una organización del mundo y del lenguaje»[15]) transcurre de manera arbitraria (alguien que después de tantos años es viejo todavía); que las palabras se quiebran a la diabla para encajar en el lecho de un «soneto» enloquecido (debatiéndose en una *camisa de fuerza* rectangular: la página), y que el poema finalmente va a perforar los códigos genéricos y el régimen del sentido para asomarse a una dimensión desregulada. Así, el mundo ordenado palidecerá ante la fuerza de una extraña irrupción sintáctica que produce deslizamien-

---

[15] Derrida 2008: 113.

tos de la razón y reconfiguraciones tornadizas del entendimiento (y de la ortografía, que parece sucumbir ahora al peso de un habla de pesadilla).

En «Sueño de ciego (1, 2 y 3)» de *Cosas pasan*, por cierto, encontraremos una especie de monólogo en el que el espacio desaparece y la oscuridad se expande mucho más que en el poema anterior:

> El espacio miente. El tiempo miente. Cierro lo
> s ojos aunque ya estaban cerrados. Duermo aunq
> ue ya estaba dormido. Y veo otra vez lo que ve
> ía. ¿Qué es lo que veo? Veo: velo : aproximacio
> nes, tanteos hacia un mundo que es distancia.
> Sólo distancia: límite en expansión [...].
> Aquí estoy. Pero aquí es ¿Dónde?, y allá, allí,
> arriba, debajo, enfrente, son espacios que no
> existen. Que no insisten [...] Ver y mirar; ver, nu
> nca mirar; ni ver ni mirar, sino soñarlo todo

(Armand 1977: 67-68).

La desorientación que el poeta ha buscado como alojamiento de su escritura coincide perfectamente con la perspectiva del ciego o del loco –*dramatis personae* que frecuentan su poesía–, no tanto como personaje o voz recreada, sino como perspectiva que al salirse de la realidad y carecer de los *cinco sentidos* (ni el ciego ni el loco podrían ejercer legítimo control sobre los signos, he ahí el dilema), tropiezan con un entorno enemigo que las palabras no consiguen reorganizar («Pero aquí es ¿Dónde?»... «tanteos hacia un mundo que es distancia»).

El lenguaje también dará los tropiezos de un ciego al caminar, de ahí que encontremos a ratos, en el corazón del poema, una frase que *tropieza*, una proliferación interior que mina por repetición el desarrollo de las frases: de pronto, el poema se detiene sobre una zona especular en el que las palabras se refractan y modifican mutuamente:

> Opaca inmediatez
> Tacto contra tacto contacto cacto. (Armand 1977: 41)

Ejemplos o *tics* de este tipo abundan en la obra de Armand, y dan cuenta de su renuncia extrema a la elocuencia y de su concomitante inclinación por la dislalia o la cacofonía, lo que hace de él, furiosamente, un poeta contra el lenguaje, un poeta contra sí mismo.

Morder la lengua

En la experiencia de exilio descrita por Derrida, quien por motivos que podemos llamar coloniales emprendió a los 19 años un pasaje de traumatismo similar al de Armand («veinte horas de mareos y vómito»[1]), el filósofo argelino reconoce en la figura del mar un abismo tajante. «Entre el modelo llamado escolar, gramatical o literario, por una parte, y la lengua hablada, por la otra, estaba *el mar*, un espacio simbólicamente infinito, una sima para todos los alumnos de la escuela francesa de Argelia, un abismo» (Derrida 1997: 65). Quien habla es alguien que de niño conoció exilios de diversa índole: cultural, lingüístico, político. Alguien para quien el mar sería un espacio traumático pero también, si se quiere, desregulador, puesto que de él surgiría el lenguaje de las separaciones tanto como el escenario en el que todo lo orgánico (los sistemas gramaticales y retóricos) pierde consistencia. Derrida bien pudo haber pensado un poema como «La desesperación como superficie», y *lo pensó*, en tanto que el trazado de ese poema resume en gran medida la inquietud de Derrida frente

---

[1] «Recién lo atravesé [el mar], cuerpo y alma o cuerpo sin alma (empero, ¿lo habré salvado alguna vez, salvado de otra manera?), en una travesía en barco, el *Ville d'Alger*, a los diecinueve años». Derrida, *El monolingüismo del otro*, 1997: 65. «El español fue mi salvadidas en un mar sajón», dirá por su parte Armand, sin dejar de reconocerse como «alguien consciente de que escribe en una lengua frágil» (Chejfec 2005: 22).

al lenguaje oficial de la filosofía y el despojamiento de su experiencia personal frente a su lengua vernácula. Como si el evento del exilio produjera en el lenguaje una tenaz experiencia de torsión y distorsión.

La escritora turca Emine Sevgi Özdamar (1946), emigrada a Berlín, ha escrito en alemán un relato sobre el olvido del idioma natal llamado precisamente «La lengua de mi madre», donde advierte: «La lengua no tiene huesos: hacia donde se retuerce uno, se retuerce ella» (1996: 13). «La desesperación como superficie», ¿no parece haber sido escrito en lengua retorcida? ¿No trata de superar, con fuerza, el ordenamiento de la sintaxis e incidir sobre las leyes de composición y de sentido?

Desde Mallarmé, la literatura se propone como la búsqueda de una palabra «nueva, extranjera a la lengua», recuerda Julia Kristeva —escritora *francesa* de origen búlgaro, no lo olvidemos, quien añade a las labores del poeta, por cierto, aquella de modificar su instrumento hasta hacerlo irreconocible, sorprendente, que contraríe de entrada «las costumbres de su clan» (Kristeva 1996: 67).

Para Kristeva, en este sentido, todo poeta será un extranjero, aquel que por definición no comparte la lengua de los otros. Sólo que Armand, al cuestionar incluso la lengua poética, se ubicaría en el mayor rango de extranjeridad posible, en tanto que plantea la pregunta temible, *venida* del extranjero, como diría Derrida, aquella que cuestiona profundamente la autoridad razonable del logos junto a sus derivaciones literarias, inscribiendo así la lengua en una curiosa escena de desposesión que anuncia impensadas condiciones de desarrollo. Su alejamiento será entonces doble. Se aleja no sólo de un idioma familiar, de su clan, sino también de las retóricas vigentes, y más aún, del sentido garantizado por el sistema de la lengua, postulando un destino insospechado para nuestra poesía, no a través del balbuceo verbal sino del enloquecimiento tenaz de las gramáticas y las etimologías; no a través de la proliferación de sinsentidos sino de la combinatoria delirante de homofonías, inversiones y anagramas.

Espejismos semánticos, los llamó Sarduy (2000: 199) al referirse a la poesía de Armand; desplazamientos del sentido hacia un nuevo orden de la experiencia verbal.

En un poema de *Entre testigos*, Armand pondrá en escena una problemática similar. En él se injerta, no un texto residual, como los trozos de papel recogidos en Don Quijote por Cervantes, sino central: una entrada del diccionario de la lengua española.

Sabemos por el diccionario que en 1755 publicara Samuel Johnson que «la hechura de un diccionario es algo hondamente envuelto de una continua lucha social por el poder lingüístico» (Kernan 1996: 154). Para el lexicógrafo inglés, la palabra tenía realidad en tanto que había sido impresa y ganaba derecho de ciudadanía en su diccionario siempre y cuando proviniera del mundo literario. De ahí que omitiera muchas palabras familiares porque, afirmaba, nunca las había leído.

Contrariando ciertas leyes seculares del texto y del saber, la pieza de Octavio Armand que vamos a citar incorpora, por el contrario, una «definición» autorizada en un territorio de incompatible oscilación, el poema, para mostrar un proceso de metamorfosis en que la Lengua va mostrando rostros diversos en el camino que la lleva hacia su descomposición.

1
Lengua (l. lingua) f. Órgano movible,
situado en la cavidad de la boca; en
el hombre es blando y carnoso, y sirve
para gustar, para deglutir y para
articular los sonidos de la voz.

Un árbol de carne se agita
Lombriz ardiendo
Burbuja de piel.

Que destapo como a

> Un alguacil de vino muerto
> La suelto
> Es un huérfano culpable
> Relámpago rémora
> Hundida
>
> Entre raíces
>
> Sudo
> Palabras, este
> Rostro traicionado por dos ojos.
> (Armand 1974: 49)

El primero es el lenguaje social, oficial, de las definiciones, que sorprende por su inserción en un espacio que le es ajeno. Su pretendida exactitud perderá pronto su poder de fijación, su fijeza.

Al mostrar otro modo de circulación lingüística, la estrofa que sigue es un primer distanciamiento. Se repetirán ciertas ideas o palabras («carnoso» en la primera, en la segunda «carne»), pero comenzará a escabullirse, como una lombriz, el orden anteriormente postulado.

El árbol, lo arbóreo, su economía de estructuración, tendrá en la segunda estrofa la consistencia móvil de la carne (¡la lengua no tiene huesos!): un árbol que, como la lengua, se agita y se retuerce (percibamos aquí la perturbación de una tradición: la del deseo clasificatorio de los enciclopedistas, cuyo método encarnó precisamente en el símbolo del árbol[2]).

Tenemos que la definición, suspendida como un aviso sobre el poema, va a cumplirse pero de un modo extraño, al punto de pervertir las tareas que le ha encargado la cultura —proveer significaciones y

---

[2] «Nos dimos cuenta», explicaba Diderot explicando su afán clasificador, «de que el primer paso que teníamos que dar para la comprensión racional y plena de la realización de una enciclopedia era formar un árbol genealógico de todas las ciencias y de todas las artes» (Darnton 2004: 197).

estabilizar conceptos–, para mostrar a lo largo del poema, su envés o su traición.

La lengua sistemática, el uso atestiguado de la lengua (en otro texto autorizado) según lo entendía un lexicógrafo como Johnson, va a verse sometido en este poema a unas fuerzas contrarias que vuelcan los designios del diccionario, diseminando su mecánica de sanción, para hacer visible, en el eslabonamiento de estas estrofas, el debate entre una ingeniería del lenguaje y su dispersión.

El poema nos entrega así la experiencia de una lengua no arbitraria pero sin árbitros («La suelto / Es un huérfano culpable»); una lengua sin paternidad, sin Ley, sin testimonio que rendir, y tal vez por ello, cargando sobre sí un vacío originario. Al mismo tiempo, relámpago y rémora, nos dice quien *la ha soltado*: posibilidades encontradas: iluminación y oscurecimiento, repetición y ruptura, estancamiento y ligereza: doble movimiento del poema.

El *telos* de la definición está siendo aquí atormentado. La lengua, asociada a un animal sin vértebras, merodeará por entre las raíces del idioma, hundida y con una penetración que sigue la lógica de una proliferación subterránea, sin buscar la luz ni la simetría, sin esclarecer nada; haciendo visible, eso sí, al postular la coexistencia de regímenes antagónicos de lenguaje, una mutua contaminación, una disidencia, llevando la definición primera hacia su traición. He aquí las dos fases del poema: la primera remite a la acumulación; la segunda, a la dispersión. La primera *define*, salvaguarda un pasado estático, lo conserva para su reproducción; la segunda se libra de toda subordinación y esboza un presente verbal irreductible y proliferante. El lenguaje que encabezaba el poema será desorganizado: el diccionario, decapitado. Este poema parece repetir la estructura de aquel otro sobre el adiós («La desesperación como superficie»). Los dos registran el proceso de una migración, el alejamiento de una certidumbre. En el primero, un mundo lleno, un lenguaje y unas filiaciones son abandonados. En el segundo, el sentido estable y la propia significación están siendo rebasados. En ambos poemas el lenguaje se ha alejado hacia sus extremos, oponiendo «un uso puramente intensivo de la lengua», como dicen Deleuze y Guattari, «a cualquier uso simbólico o incluso significativo o simplemente significante» (1990: 32).

Una definición, recordemos, es un marco funcional del lenguaje. A partir de ese encuadramiento, nos comunicamos. Fuera del marco, no ocurre (no podría ocurrir) la comunicación.

A este respecto, Octavio Armand ha imaginado la posibilidad de la obra fuera del marco, la pintura fuera del cuadro. Gombrich, estudioso de la pintura y de la función de los marcos, llegó por su parte a la siguiente conclusión: el marco en pintura es apenas un indicio para saber dónde detener el movimiento de los ojos. El marco como refugio. Reparemos ahora en la potencialidad de la última frase: «Rostro traicionado por dos ojos». Pensemos por un momento en nuestro rostro sobre los signos. ¿Qué nos demanda esa frase? ¿Superar los encuadramientos y las viejas demarcaciones, operar fuera del marco y de la traición que representan sus límites? Sin duda, no evadir la traición sino sacar de quicio o *desquiciar* los marcos de la significación. «La palabra no puede ser el lugar donde el ojo cesa», replica Armand (1980a: 17), coronando su arriesgada meditación sobre el ojo, el marco y la escritura.

En la oposición de esas dos formas enemigas de enunciación convocadas al poema, ¿no se han hecho más difusos los bordes, no han cedido los límites su función?

El diccionario, almacén de definiciones, lo reconocía Johnson, es un ordenamiento arbitrario (que el poema desrealiza); mientras que el poema (como lo practica Armand), es su contraparte, digamos; el lenguaje que funciona bajo una legislación sin arbitraje. Hemos presenciado aquí la comparecencia del lenguaje que sanciona frente al lenguaje que *radicaliza*, y en esa confluencia curiosa, hemos visto al orden normativo de la Lengua ganar los rasgos de un conflicto. A partir de tal conflicto, Octavio Armand escenificará la resistencia del lenguaje desregulador frente al lenguaje instituido, tensión que atravesará toda su poesía y hará conmover los cimientos del idioma.

Toda la potencia de Armand confluirá en la imagen de una lengua atorada, asfixiante, enroscada, en *descomposición*. De ahí que la lengua poética que reconozca en el pasado sea aquella que precisamente desrealiza el paisaje de la poesía cubana, la de Manuel de Zequeira y Arango, como habíamos advertido, señalado como un «fantasma muy serio» por Vitier (1969: 8), donador para la poesía insular de aquella insólita huida de un caballo sobre el filo del cuchillo, cuya hazaña verbal y esquizofrenia personal se vertió con discreción sobre la cultura y la lengua de su pueblo. He aquí la estampa que Lezama ofrece del poeta enloquecido:

> Nuestro poeta Zequeira y Arango enloquece con un bello capricho, cree que se torna invisible al ponerse un sombrero. Pero la anécdota tiene más importancia que una muestra de la razón aberrante. El hecho llega al pueblo, su captación ha sido mágica e inmediata. Cuando alguien intenta postergarlo, no oírle la protesta por alcanzar sus derechos, exclama: *Yo no me he puesto el sombrero de Zequeira*. (Lezama Lima 1965: 20)

El invisible Zequeira ¿no es como el *poeta rodeado de nadies* imaginado por Armand? Si según Rojas (2000: 53) Vitier halla en Martí la continuidad y Piñera la encuentra en Casal, Octavio Armand tomará de Zequeira la fuerza de la discontinuidad, reconociendo en él la creación de «un centro para el caos» (Armand 1980a: 77). «Con Manuel de Zequeira me siento menos solo que con José Martí. Si exagero no exagero», dirá (1980a: 73). Pero elegir una expresión esquizoide como tradición es también recusarla. Tal elección sintetiza la pulsión de desquiciamiento que Armand quiere imprimir al ordenamiento lógico de su idioma. Emparentado así con la demencia y divorciado de la razón fugada sobre un cuchillo, recuperará en Martí —que sostiene la racionalidad de los discursos cubanos—, su última y significativa mueca. «Su último discurso, no cabe duda, es grotesco», dice Armand, refiriéndose a la estampa fúnebre que cede el cabo sanitario del Segundo Batallón Peninsular, Juan Trujillo, al reconocer el cadáver de Martí en Dos Ríos. Según la descripción, el cadáver tenía «mordida la lengua y materialmente clavados los dientes en ella»[3].

Lo que el «Apóstol» *podía* decir en ese momento –en esa lengua final, desarticulada– es lo que ha recuperado Armand para la poesía (su labor consistirá en *hacer hablar* a esa lengua lesionada). Para Armand, ese es el discurso «más elocuente» de Martí, «como un garabato verbal», nos dice (Armand 1980a: 163). Veamos en esa situación la génesis de incitaciones contrarias, la potencia de una interrupción, la abolición como amenaza y, al mismo tiempo, la impugnación de una canonización autoritaria. Recuperar una fuente autorizada justamente cuando está acabando en ella toda su fuerza y se hace imposible su relevo; desfallecimiento de unas viejas prerrogativas verbales junto a sus efectos históricos, pero también, proliferación de una lengua otra a partir de esa imagen de extrema inhabilitación.

Una nación vocinglera, de potentes oradores y escritores, golpeándose contra el silencio demente de una lengua rota, interceptada por la muerte, confrontada por una labor verbal –la de Armand– que la erosiona hasta las últimas consecuencias, invirtiendo, por un momento, su ordenación y fundamentos; donando para el futuro las claves de otra revolución, el volcamiento simbólico de los archivos nacionales. Oponerle al «Son entero» (de Nicolás Guillén), un «Son de ausencia» (Armand 1999); al derecho de nacer (reminiscencias de Félix B. Caignet), un derecho de no ser; a José Martí, su propia lengua mordida. Registrar en el centro una falla, no una desacreditación; una

---

[3] El relato del cabo sanitario que estuvo en el combate de Dos Ríos fue firmado el 28 de octubre de 1902 y es citado por Ezequiel Martínez Estrada (1971) en su prólogo al *Diario de Campaña* de Martí. Armand abordará ese testimonio en *Superficies* (1980a: 163).

protesta contra el p*rof*eta: difracción y desvío de una inteligibilidad fundada. Palimpsesto *in progress*; palabra sobre palabra, tal como se construyen –y destruyen– los discursos: el código germinando en la interrupción:

Palabra sobre palabra

1

poeta
poefata
poefatta

poefatta

poefatta
poefata
poeta

2

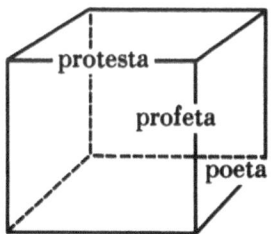

(Armand 1979: 37)

Hemos querido intuir una etiología para el régimen verbal de nuestro poeta a partir de esa lengua brutalmente interrumpida del héroe nacional cubano –fundador preponderante de discursividad en el espacio político y literario latinoamericano–, sospechando que las rupturas e innovaciones de su obra, al hacer girar y redistribuir los valores de la lengua y la cultura, encuentran sus condiciones de aparición y funcionamiento en esa escena de feroz irreverencia que él ha calificado como el momento de mayor elocuencia del «Apóstol» cubano.

Advirtamos ahora la imprevista conexión que pudiera surgir entre el ritmo entrecortado de Armand (en un poema como el varias veces citado «La desesperación como superficie») y el comportamiento acelerado de la prosa de Martí en tiempos de guerra.

El Diario *De Cabo Haitiano a Dos Ríos* es el testimonio de un desasosiego. El cuerpo, la lengua, la nación están en peligro. Martí junto a Máximo Gómez y sus hombres van a desembarcar en la Provincia de Oriente. Es el 11 de abril de 1895 en un momento difuso de la noche: «A las 7 y 1/2, oscuridad» (Martí 1975: 215). Como Armand, como Derrida, Martí registra un viaje turbulento sobre el mar que afectará la estructura de su idioma. Hace mal tiempo, su bote es precario. El paisaje amenaza con desorganizar sus componentes, característica que lo emparienta con el paisaje abolido del poema de Armand (y los aleja a ambos de la función tradicional de los paisajes). «Rumbamos mal. Ideas diversas y revueltas en el bote. Más chubasco. El timón se pierde», «Movimiento a bordo. Capitán conmovido», anota en el diario aplicando un lenguaje de máxima tensión para registrar un paisaje turbulento que desaparece en la noche. Tal es la intensidad de su lenguaje que fragmentos de su *Diario* aparecerán junto a otros poemas en antologías de poesía cubana –como, por ejemplo, la de Francisco Morán (2000). Refiriéndose a la tensión verbal que atraviesa el *Diario*, Ottmar Ette afirma que «ninguno de sus otros textos se puede comparar en cuanto a su intensidad poética a este libro de sus postreros días» (2004: 408).

Desde una experiencia de umbral, Martí nos entrega un paisaje en máxima aceleración; discontinuo, irreductible, heterotópico, que no responde por su lenguaje minado a las labores de conducción simbólica de la nación. Todo lo contrario. Sabemos que en pocas semanas Martí va a caer sobre ese panorama hincando los dientes sobre su lengua. Pareciera que sólo un poeta como Octavio Armand pudiera acompañar a Martí en esa huida final del lenguaje –¿quién, excepto él, se atreve a heredar a Martí desde una perspectiva tan cuestionadora?

La experiencia verbal de «La desesperación como superficie», puesta a dialogar con la elaboración literaria del paisaje cubano, invierte o hacer girar todas sus recurrencias. Nada más peligroso para la fuerza acumuladora del paisaje donado a la isla por Colón que la *economía de guerra* que Armand le imprimirá a su lenguaje. Colón llena el paisaje cubano para su consecuente expoliación. Lo colma, lo estabiliza, lo inscribe en una proyección utópica. El paisaje como una tentación que consuela. Lo ha dicho Foucault: «Las utopías consuelan», al contrario de las heterotopías, que «rompen los nombres comunes o los enmarañan», arruinando la sintaxis e interrumpiendo la postulación de los discursos. Las primeras, «permiten las fábulas y los discursos»; las segundas, «detienen las palabras en sí mismas», y «desafían, desde su raíz, toda posibilidad de gramática» (Foucault 1997: 3), todo lo cual es sumamente revelador para entender el diálogo que este poeta establece con su tradición.

A Armand le corresponderá instalar el idioma en la heterotopía, torcer la historia de su lengua, romper los nombres y ejecutar contra su paisaje eso que Barthes ha llamado la semioclastia[4]: abrir fisuras en el propio signo, procurar en el lenguaje un paisaje de no retorno, detener el desarrollo de su inercia cultural y contestarla, produciendo la liberación del significante. Para ello, recurre a un Martí sin aliento, sin verbo inflamado, desfalleciente, a punto de pronunciar su discurso más aterrador al ingresar, como diría Lezama, a «la casa que va a ser incendiada» (1998: 261); esto es, a la guerra independentista –pero también, a su tumba: la geografía cubana.

---

[4] La semioclastia, según Barthes, consistiría en la operación de «abrir una fisura, no en los signos, significantes por un lado y significados por otro, sino en la misma idea de signo» (Bellour 1973: 114).

Martí emprendió una guerra contra la colonia española, Armand contra las leyes del lenguaje. Entre los dos, un tema similar: el mar, el lenguaje de la inestabilidad, el *movimiento a bordo*. Armand reconoce al Martí que se aleja del sistema del lenguaje acercándose a la muerte. El poeta nacional va a morir, como lo ha descrito el cabo sanitario, hincando los dientes sobre su lengua. Armand, por su parte, va a realizar su obra empuñando un erizo. Es la imagen punzante que elige para señalar una continuidad erosiva, secreta. Martí, el hombre de las realizaciones plenas, «el que tenía más rasgos del padre» (García Marruz 2000: 9) va a ser reclamado en los momentos en que su expresión, batida por la muerte, más se aproxime a la desintegración. Armand lo recupera en esa derrota y lo hace girar (como a Colón) entregándonos un insólito negativo verbal: «Apóstol/Apóstata: círculo» (1980a: 146). Colosal inversión que se corresponde con los poderes de transgresión de su poética, capaz de replantear, en un lugar incómodo, el itinerario de la literatura cubana y el destino de su despliegue verbal.

Así, Armand ha cumplido desde su escritura las leyes de una transgresión de inmensas dimensiones: reconocer e invertir los fundamentos de un lenguaje sin evadir «el objeto que se ha de violar», como recomendaba Barthes (Bellour 1973: 37), presentándolo para ejecutar en él su propia negación.

Escrito sobre el mar

Si el mar de Derrida, como veíamos, era un abismo, el de Armand será aún más extraño, en tanto que muestra una sola orilla: la orilla del adiós. ¿Acaso no podemos decir que el reto mayor de su poesía ha sido haber trabajado en la carencia de *la otra* orilla? «Por qué / me aplaudes con una sola mano?», pregunta aterradoramente en clave de koan en *Entre testigos*, su libro de 1974 que llamara la atención de Octavio Paz (Paz 1990: 211).

Notemos, de paso, esa otra potencia de su obra: la capacidad de invertir las deudas entre filosofía y poesía, e iluminar, reorientando el flujo de los saberes, arduas zonas del pensamiento contemporáneo, al punto que su poesía podría explicitar problemas que ocupan a los filósofos contemporáneos, como hemos sugerido al confrontar ciertas experiencias de Armand y Derrida.

Podríamos advertir otra semejanza entre filósofo y poeta. Si hemos dicho que la poesía del cubano comienza al final de un sueño, que nos hace despertar a la conciencia crítica que se reelabora en la lucidez del último Quijano, es decir, en un estadio de «dejuglarización del texto» –para decirlo con palabras del propio Armand (1980a: 213)– en el que la literatura supera las seducciones del pasado y comienza el viaje hacia sí misma; Jacques Derrida alentará por su parte a los lectores de su tiempo a despertar del largo sueño del lenguaje. Soñar equivalía en este caso a confiar ciegamente en las fuerzas de un Verbo imponderable. Se trata, sin duda, de un despertar político:

> Es un poco como si pensara en despertarlos para decirles: «Escuchen, atención, ya basta con eso, hay que levantarse y partir, si no caerá sobre ustedes la desdicha o, lo que en parte viene a ser lo mismo, no les pasará absolutamente nada. Salvo la muerte. Su lengua materna, la que ustedes llaman así, algún día –lo verán– ya ni siquiera les contestará. Escuchen… no crean tan pronto, créanme, que son un pueblo, dejen de escuchar sin protestar a quienes les dicen "escuchen"…»[5] (Derrida 1996: 52)

¿No era ese el mensaje cifrado en la experiencia postrera de Alonso Quijano?

Como vemos, la exhortación es a partir, levantarse y partir; disolver los vínculos fijos de la comunidad (del clan) («Adiós mil veces»); revisar

---

[5] En otra parte, Derrida afirmará que la lengua materna es ya la lengua del otro, y más aún, que ella es «la más infatigable de las fantasías» (2006: 91 y 93).

críticamente la maternidad hegemónica del lenguaje y cuestionar las definiciones impuestas por lo que nos seduce y condena a escuchar. Se nos pide abandonar la comunidad instituida y repensar los vínculos dominantes, la Historia, y pulverizar, al mismo tiempo, las jerarquías prescritas por la sintaxis. «Adiós / de un labio a otro. Hermano, querida, mamá. / Adiós de pómulo a pie. El viento quema hue / llas, estatuas de harina. Historia y azul / detrás del párpado: diente, él, ella, Ud. / Adiós»... El viaje de Armand partirá así del orden conocido, abandonando las redes filiales y verbales, para hacer pasar —en ese viaje inestable, roto, textual— el sistema de la poesía latinoamericana por un momento de profunda impugnación, capaz de modificar no sólo el cauce de su producción sino el régimen perceptivo de los lectores.

Armand le aportará a nuestra poesía lo todavía no dicho, la pregunta informulable que no llega, la inconexión que le faltaba, el espejo de ángulos difíciles que interroga el proceso de su propia reflexión. «Quitarle la mirada al ojo», dirá el poeta (1980a: 191), resumiendo con esa frase sorprendente una de las apuestas más desconcertantes de nuestra poesía.

La imposibilidad como escritura

Para Armand el momento de la escritura estará regido por una imagen paralizante: la mano de escribir empuñando un erizo. «Pero la imagen de una mano empuñando un erizo sugiere / la derrota de la escritura como disponibilidad», nos dice, suspendiendo el proceso de la escritura sobre la página. «El sentido, aquí, es lo sentido y lo sentido se agota exclusivamente en la mano» (Armand 1982: 14). Tautologías, antagonismos, deslizamientos y circularidades, elementos que al chocar entre sí debaten la posibilidad de esta poesía.

Por el vacío amenazador a que nos confronta, podríamos decir que su poesía añade un poco de *nada* al discurso de la poesía hispanoamericana, frente a la cual representa una salida y un cuestionamiento audaz. Es, podríamos decir, un Guilhem de Peitieu de nuestra época. Como Armand en nuestros tiempos, el trovador del siglo XII —instalando el signo de la negación y la paradoja en los inicios de la poesía Occidental–, escribió un *vers* que desafiaba de antemano cualquier pretensión literaria: «Haré un verso sobre absolutamente nada», advertía el poeta en un momento de osada resolución.

«Haré lo posible por no decir nada», dirá por su parte Octavio Armand frente al desconcertado auditorio que asistía a una conferencia suya en la penúltima década del siglo XX en Nueva York. Reconociendo la dificultad de tan ardua cuestión, preguntó: «¿Soy demasiado ambicioso, verdad?»[6], suscitando la risa de los presentes para abrirle camino a esa tradición que en Occidente privilegió la paradoja como herramienta para explorar y desafiar los límites de la expresión.

Escrito por un caballero dormido sobre un caballo, los versos de Guilhem de Peitieu recorren con osada autonomía el trayecto que va de la afirmación a la negación, optando, como Alicia, por un sentido y su contrario de manera simultánea. Lo que se afirma se niega de inmediato, dejando sin opción a la razón: «No sé en qué hora nací, no estoy alegre ni triste, no soy arisco ni soy sociable, ni puede ser de otro modo»[7], dirá el poeta provenzal, ascendente remoto de Zequeira y de Armand, desalojando la polaridad de los opuestos y otorgando al discurso una serie de propiedades corrosivas con respecto a la lógica del sentido. Sutilmente, el poeta intercepta las reglas de la significación e instala, en el corazón del poema, los dones de la contradicción. Los opuestos coexisten, pero no se tocan, progresan cada cual por su cuenta, sin contar con la fuerza del otro, sin contrarrestarse; seña-

---

[6] Conferencia leída en inglés para el festival *Kafka Unorthodox* celebrado en Nueva York en 1983 y recogido en *Horizontes de juguete*, 2008.

[7] Véase De Riquer 2008: 113-115.

lando el indicio de dos realidades que comparecen por discrepancia, postulando un sentido que se contradice sin poder ser refutado ni, mucho menos, realizado, acometido; causando, a un tiempo, el desbalance del aparato lingüístico y la pérdida de apoyos lógicos.

El humor, la parodia, pero sobre todo la paradoja –sus dobleces y desquiciamientos– terminan por relevar al sentido de sus funciones, contrariando las formas acreditadas del pensamiento para someterlas a un estado de indeterminación que obliga a repasar los mecanismos de significación y sus valores expresivos; materializando, de paso, la potencialidad del lenguaje para formular un poema sobre *nada*.

Al *no-saber* de su antepasado Peitieu, Armand responde con una afirmación aún más desconcertante: «Soy no sé quién soy, tal vez nadie» (Armand 1980b: 42), fórmula que añade una leve pero fatal recurrencia a través de la cual se afirma lo que niega («Soy no sé»...); y aquello que interroga («quién»...), parece haber quedado, como el rostro de Jano, en un espacio liminar que mira hacia ambos lados de la frase, haciéndola recomenzar infinitamente («quién soy»), dejando atascados y en permanente productividad los mecanismos del sentido. La frase, que podríamos reiterar sin jamás agotarla, da cuenta además de una de las insistencias capitales de su poesía y podrá leerse como una de sus operaciones más particulares: borrar diciendo, decir lo que se borra, borrar lo que se dice, en una suerte de poética de la abolición que Octavio Armand viene practicando con tenacidad desde sus primeros libros y que se manifiesta a veces mediante la elaboración de frases que se descomponen en reversa o en palabras que, sometidas a un espejo interno –la barra, por ejemplo–, revelan, a través de un reordenamiento de sus componentes internos (las letras), un nuevo sentido, o mejor, una contaminación renovadora del sentido, en donde el anagrama o el oxímoron alcanzarán realizaciones sorprendentes[8].

---

[8] «Escaparse es caparse», «expirar / espiral», «letra / lepra», son algunos ejemplos al azar de lo anteriormente dicho.

Si atendemos a su comportamiento interno, las implicaciones de la frase anteriormente citada nos arroja de inmediato hacia el territorio de compleja madurez que gana la literatura al verse enfrentada contra su propio funcionamiento[9], en tanto que nos encierra y nos deja atascados en una fase de eterno recomienzo que no estamos seguros de entender pero que nos inclina precisamente a interrogarla irresolublemente. Esa ardua y delirante afirmación de la negación es el *modus operandi* de su obra.

Los místicos también enfrentaron el problema de hacer un poema sobre nada, en tanto que el objeto de su poesía permanecía inalcanzable a la experiencia e inencontrable para el lenguaje: «¿A dónde te escondiste, /Amado, y me dejaste con gemido?» (San Juan de la Cruz). Y tal vez el gemido, aquello impreciso entre silencio y lenguaje, se presentaba como el mejor camino para nombrar ese todo sobrecogedor que era Dios y que, al no poder ser registrado por la escritura —al no *dejarse* transcribir—, tal vez sea *nadie*. Pero Octavio Armand, que no escribió la «Noche Oscura» pero sí un «Poema con sombra» (1980b: 42) del cual hemos extraído la frase, pone el acento sobre una nada más de orden matemático que místico, más cerca del humor de Lewis Carroll que del rapto de San Juan, si bien de consecuencias similares. Un matemática demente que no basa sus premisas en la predicción de un mundo mensurable, sino que, por el contrario, pretende trazar de nuevo el mundo prescindiendo ahora del orden previo, persiguiendo la ciencia del número hasta sus nudos más delirantes e infinitamente irresueltos.

Martin Gardner, matemático de prosapia carrolliana, abre su artículo sobre la Nada (llamado precisamente así) con el siguiente epígrafe de P. L. Heath: «Nadie parece saber desenvolverse con ella. (Nadie, desde luego, sí sabría)». ¿No somos nuevamente confrontados aquí con una frase que, al margen de su inextricabilidad, desdice lo

---

[9] Véase Kristeva 1981: 10.

que dice, y al hacerlo, nos deja como fuera del lenguaje? «Lo que se dice se dice / Al derecho y al revés», reza un verso de Octavio Paz que interrumpe cualquier teleología del sentido y que Armand significativamente elige como epígrafe para una de sus obras[10].

El cubo, como veremos, será otra de las figuras que aparecerá en esta poesía con una misión análoga: desdecir lo dicho, someter las palabras a un régimen de reversibilidad insaciable, confundir al ojo que lee y mover, «al derecho y al revés», los valores del discurso literario, proveyéndonos de una noción de textualidad móvil, mutable, que en lugar de fijar, revierte sin cesar lo dicho[11].

Desde esta perspectiva, la figura del cubo podría refrendar la incesante inestabilidad a que nos expone esta poesía. A esa paradójica capacidad del lenguaje de *borrarse* a sí mismo nos referíamos cuando señalábamos la nada como uno de los aportes de Octavio Armand a la poesía hispanoamericana: ese poco de *nada* que Peitieu, San Juan o Lewis Carroll, supieron añadir a sus contextos y que podríamos resumir como una extraña donación que nos conmina a imaginar un afuera del pensamiento, una experiencia más allá de la lógica del lenguaje, una acechante sensación de exilio.

Pensar el afuera

Conectada con ese impulso desestabilizador que recorre subterráneamente a la poesía Occidental, la obra poética de Octavio Armand llevará a un punto culminante tales exigencias sobre el sentido, rescribiendo, si se quiere, desde un lugar exterior, extraño, renovador y amenazante, el discurso de nuestra poesía, en demanda de una nueva *ratio* y de un lector que se arriesgue a nuevas pérdidas, a inéditos

---

[10] *Cosas pasan*, 1977.
[11] Como podría sospecharse que ocurre en el Disco de Festo.

vaciamientos de la convención; un lector que, como diría Lyotard, «ya no sabe o todavía no sabe leer»[12], y que, probablemente, resida al margen o permanentemente en el futuro.

«Inusual», «infrecuente», son los adjetivos que recientemente y con razón la crítica cubana (Aa.Vv. 2008: 155-56) le ha dado, incorporándolo por primera vez –aunque sólo de manera referencial– a la historia de la literatura de su país. Historia cuyo devenir, por cierto, le sería sumamente refractario. Nada más alejado de las poéticas de confesión y afirmación del sentido que proliferaron en Cuba a partir de la Revolución que la poesía de contradicción y abolición que ha escrito, como a la sombra, Octavio Armand durante los últimos 40 años. Pero es probable que, también frente a mucha de la poesía hispanoamericana que le es contemporánea, esta obra sostenga intacta su potencia de abolición y crítica.

Las contratapas que aluden religiosamente a su doble exilio –uno bajo el gobierno de Batista y otro bajo el de Castro– fallan en acotar que Armand se ha exiliado también del mito de la poesía, puesto que parece haber querido vivir –si atendemos las insistencias de su poética– en un mundo sin símbolos, coincidencias ni semejanzas: un mundo de desaparición y en ruinas, excluido de los auxilios del *buen sentido* y en permanente tensión con el sistema literario, acatando, quizás, el llamado de Foucault a pervertir «el buen sentido» y desarrollar «el pensamiento fuera del cuadro ordenado de las semejanzas» (Foucault 1995: 30).

Para tomarle el pulso al exigente universo de su poesía, bastaría repasar un breve texto en el que, como frente a un espejo empañado por el aliento del lector, el poema escenifica el acto de su propia constitución: la escena de la lectura. El poema, que negará entregar a su intérprete alguna solidez, se titula dubitativamente así: «Poética

---

[12] «Lo que no se deja escribir, en lo escrito, llama quizás a un lector que ya no sabe o todavía no sabe leer» (Lyotard 1997: 13).

tal vez», inscribiendo, de entrada, bajo la expectativa de una reflexión sobre el oficio, un desmitificante «No lo creas», para luego agregar, «No he entregado el peso del labio, / lleno como el labio mismo y menos solo. / En este aliento, que tú sacas / Y repites para que sea mío, / sobro yo. / Sobro yo para que sea mío. / Y no hace falta que insinúe mi inopia» (Armand 1982: 8).

La lectura, que desde Proust entendemos como la comprobación de la verdad en el lector, («todo lector, cuando lee, se lee a sí mismo»), se ve ahora desplazada hacia una zona problemática de no reconocimiento y exclusión.

Walt Whitman vio en la lectura la potencialidad de un encuentro con su lector. Para Armand se trata de un evento de abolición mutua. Así traduce el norteamericano el impulso de su poesía: «Camarada, esto no es un libro, / El que lo toca, toca a un hombre» [...] «Me tienes a mí y yo te tengo, me sujetas y te sujeto» [...], «Tu aliento me llega como un rocío, tu pulso arrulla el tímpano de mi oído» (1969: 161-162). El cubano, suspicaz, le dice a quien tiene la pretensión de conocer los secretos del oficio, a quien sostiene el libro entre sus manos y se dispone recibir la ciencia del poema, lector: «No lo creas», seguido de una frase marcada por el fracaso de quien ha fallado en entregar su mensaje, «el peso del labio», tal vez la palabra cargada de sentido. Seguido de otra frase que parece invertir lo dicho, reacomodando o revirtiendo la sintaxis de lo *confesado*: al «No he entregado el peso del labio», le sigue: «lleno como el labio mismo y menos solo». Lo que sigue es la topografía de un desalojo: en este aliento que tú sacas y repites para que sea mío —advierte el poeta con palabras que aluden al acto en desarrollo—, allí, no cabe el autor ni el lector. No hay encuentro posible; el poema ya no es lugar de hallazgos y comuniones, como creímos con Whitman o Proust, sino que será, por el contrario, un lugar de pérdida, un lugar sin lugar, en el que hay que reinventar el juego del sentido y el sentido de las relaciones, y es precisamente en ese lugar insuficiente donde decide afirmarse la labor de este autor: «Sobro yo para que sea mío».

Bajo esta perspectiva, el poema ha logrado el desplazamiento de las causalidades (¿por qué y para qué leemos? Y más aún, ¿qué pasa cuando lo hacemos?), poniendo en crisis la dramaturgia del lector. El poema nos entrega un negativo de Proust y de Whitman, contrariando la experiencia de los lectores formados bajo esas literaturas mayores. La transgresión nos propone una transformación de las pautas normativas de la cultura literaria, interrogadas ahora por estos versos que no quieren ser reclamados por nadie y que resuenan como una tentativa de abolición jerárquica: «no hace falta que insinúe mi inopia», dice el poeta, como si quisiera retirarse discretamente del poema y dejar la escena deshabitada, vaciada de la hace tiempo falsificada personalidad creadora, como dijera Walter Benjamin. El poema se ha convertido así en una especie de dispositivo cuyo propósito parece ser el cuestionamiento de las consistencias literarias y la producción de un rendimiento crítico que moverá los hábitos de la lectura hacia otro lugar. La lectura proponiéndose como fuga e incitándonos a *desleer* la tradición del sentido.

Contra la tradición del sentido

El poema en Armand quiere construirse contra una tradición, la del sentido, y contra una densidad: la de la propia poesía. Está ocurriendo siempre ahora: «Va tomando cuerpo la palabra / Diciendo lo que digo», leemos en otro poema que es como una exhortación dirigida precisamente «Al lector» –título del poema–, como si se lo recibiera advirtiéndole de antemano que nada sólido, ninguna red, ningún *pathos* anterior, podrá asistirlo en el salto de esta poesía.

Va tomando cuerpo la palabra:

Diciendo lo que digo
Digo la palabra y tengo cuerpo
Tócame.
(Armand 1980b: 11)

Todo depende aquí del acto enunciativo; al decir «lo que digo», la palabra, vacía, va tomando cuerpo, y el cuerpo, al decir las palabras, gana consistencia, se hace tangible. Pero el «tócame» final no parece aspirar a la physis que imaginó Whitman para su lector, puesto que, como un Magritte al cuadrado, Armand parece decir –invirtiendo la propuesta whitmaniana–, *camarada, esto es un libro, y quien te habla, no es un hombre sino un cuerpo verbal que demanda lo improbable: sobre esta página, tócame.* Advertido ya con el poema anterior de que el poeta se ha retirado de escena, dejándola vacía, es decir, sin límites, el lector intuirá que tendrá que vérselas con una maquinaria textual que reduce todos los aprioris del sentido, deslizando hacia un futuro sin memoria sus estrategias de significación, puesto que en esta poesía, el sentido, como lo registra el pensamiento contemporáneo más radical, parte del vacío, «no es nunca principio ni origen» sino «producto», y siempre está «por descubrir», no por «restaurar ni reemplazar», sino «por producir con nuevas maquinarias» (Deleuze 1989: 65).

Saludado por una esfinge, el lector podrá ahora entrar a la casa de la perplejidad a vérselas con una *instancia paradójica* que, como diría nuevamente Deleuze, «nunca está donde se la busca y que, inversamente, no se encuentra donde está», y que, como el Dios de los místicos, pone en peligro la escritura. Una poesía dicha con «los labios al revés» (Armand 1980b: 14) y con la lengua «enroscada en el rostro» (Armand 1974: 21).

Una escritura que, caso insólito, lucha contra la intensa pulsión ágrafa que la recorre, y que puede a ratos perder los vocablos o desarrollar sus alternativas a pie de página, es decir, en un lugar poco explorado, en una situación que quisiera revertir por completo los hábitos de la página y la historia de la poesía.

La resistencia del lector frente a esta poesía es comprensible pero no saludable: lo que nos propone a la larga es una especie de ética de las palabras, un regreso a la letra para combatir las doctrinas de la interpretación y los dogmas del sentido, provocando la alteración del discurso y de nuestra cultura literaria, construida, como apunta Alejandro Gándara, «sobre una huida del texto», en la que la «interpretación ha sustituido a la letra» y «los discursos de las palabras han borrado lo que las palabras dicen» (Gándara 1998). Una corrección y un vencimiento de la distancia que separa lo que *dice* el texto que *hagamos* y lo que hemos hecho con él. Una lectura, en fin, que parte de la indigencia o de la decepción (el poeta intentará repetidamente articular «la insuficiencia»); una poesía que se aleja de la confortable casa del lenguaje «para mentir menos», como diría el poeta, disolver lo sedimentado y regresar al mundo inicial de las palabras.

La empresa de Gándara en *Las primeras palabras de la creación* consiste en promover un retorno al espíritu original de la letra de textos fundamentales, en su caso el Génesis bíblico, para delatar el alejamiento y las simplificaciones operadas sobre el texto a lo largo de los siglos por los críticos, exégetas y otros mediadores. El retorno a la letra que propone la poesía de Armand será mucho más extremo, y perseguirá volver sobre la letra en su magnificación como imagen, con el fin de aislarla en su desbordamiento y detenerla en su amplificación. (Licthenberg atrapando el rayo). Procedimiento que proviene de una fuerza que dentro de su obra quiere detener el discurso de la poesía, produciendo en ésta los efectos de una interrupción y el antídoto contra toda sublimación automática.

Causando una congestión del alfabeto, produciendo una especie de hacinamiento de las letras en el cuerpo de las palabras, el orden del lenguaje ha trastabillado, y la máquina de escribir —esa industriosidad convenientemente matizada tras las idealizaciones literarias— ha hecho su reaparición sobre la página (desfigurada, pervertida) con toda su violencia tecnológica. Al hacerlo, el discurso abandona por un momento la ilusión de su continuidad, despierta —se sale de sí— exponiendo sus tropiezos y su artificiosidad lesionada.

La literatura se ve obligada de esta manera a renunciar a la confortable continuidad que la resguardaba: la garantía disimulada en su interior que confiaba su ser a la reconversión continua de una expresión consolidada, lo que pudiera traducirse en la idea de *escritura como imitación de la escritura*. Pero a partir del planteamiento de la escritura como (*l*)*imitación* de la escritura (cambio producido en el casi imperceptible deslizamiento de una letra), escribir será minar y

LLaa eessccrriittuurraa ccoommoo ((ll))iimmiittaa ccii66nn ddee llaa eessccrriittuurraa

Aa   aA   Aa
              aA

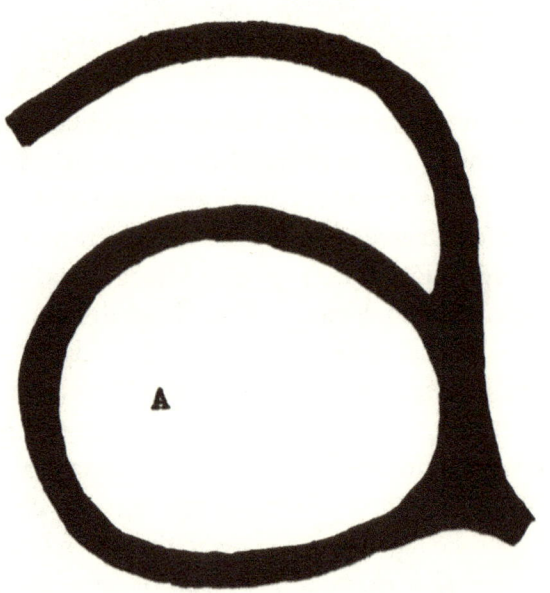

(Armand 1974: 29)

contaminar lo expresado, interrumpir y problematizar el discurso literario, poner, sin duda alguna, el lenguaje bajo sospecha.

Escribir a partir de tales *limitaciones* será como escribir desde un ángulo imperfecto, con la lengua *enroscada* y venciendo, por eso mismo, la casuística que impone el Logos e infiltrando su lógica con el azoramiento, recombinación y duplicación de las letras y las palabras. «LLaa eessccrriittuurraa ccoommoo ((ll))iimmiittaa / cciióónn ddee llaa eessccrriittuurraa», frase que deshace la naturaleza de la expresión (propiamente la *desnaturaliza*) y que proyecta sus componentes mediante una grafía estrábica, aglomerada, operando desde la letra una transformación en la percepción: el artefacto poético incidiendo en la visión e interceptando las operaciones del lector... he ahí una de las inversiones críticas alcanzada por esta obra.

La curiosa página arriba citada parece confrontarnos con un error perceptivo, como si viéramos el lenguaje bajo un lente inestable o como si los tipos de la máquina de escribir hubieran sido atacados por la desproporción. Las letras, al replicarse mutuamente en el interior de la frase, descomponen el discurso, sometido al traspiés por la fuerza de una cacofonía que refuta los antiguos poderes del poeta, confrontado aquí súbitamente a la rebelión de su propio instrumento que lo obliga ahora a *decir callando*, como el Vallejo que concluía en *Trilce*:

> (————— Mejor
> no digo nada.
>   (Vallejo 1974: 141)

Opción en la que Vallejo define con rigor una de las tareas de la poesía contemporánea, aquella que se planteó atravesar el velo del lenguaje, renunciando a todo idealismo de la expresión e instalando, en lugar del ideal, un permanente desacuerdo con el sistema literario, estremecido desde entonces por la tensión y la desconfianza. Luego de optar por no decir «nada», lo que anota Vallejo a continuación tiene los rasgos de un axioma que se convierte al mismo tiempo en refutación:

> Y hasta la misma pluma
> con que escribo por último se troncha
> (Vallejo 1974: 141)

La frase que cierra el famoso poema XXXII[1] es ya una arremetida contra la lengua desde el lenguaje:

> Treinta y tres trillones trescientos treinta
> y tres calorías
> (Vallejo 1974: 141)

No puede leerse una obra como la de Octavio Armand sin tener en cuenta esas tensiones del lenguaje, esas hostiles condiciones de producción. Una lucha a muerte con el instrumento de expresión en busca de una formulación inédita; una huida de los mapas verbales elaborados con anticipación que suscite, si es posible, la *desfamiliarización* de todo el lenguaje, produciendo en la poesía «figuras que no hubieran sido producidas nunca», como dice Lyotard, «y que no estamos seguros de que las soporte el lenguaje ni de que sean audibles, sensibles para nosotros» (1975: 241).

---

[1] «999 calorías / Rumbbb... Trrraprrr rrach... chaz / Serpentínica *u* del bizcochero / engirafada al tímpano. / Quién como los hielos. Pero no. / Quién como lo que va ni más ni menos. / Quién como el justo medio. / 1,000 calorías. / Azulea y ríe su gran cachaza / el firmamento gringo. Baja / el sol empavado y le alborota los cascos / al más frío. / Remede al cuco; Rooooooooeeeeis... / tierno autocarril, móvil de sed, / que corre hasta la playa. / Aire, aire! Hielo! / Si al menos el calor (-------------- Mejor / no digo nada. / Y hasta la misma pluma / con que escribo por último se troncha. / Treinta y tres trillones treinta / y tres calorías».

Una crítica feroz

«Pero esto sí *dice lo que dice*. Y hay / que leerlo con el cuerpo. Fragmentos. No inteligibilidad, intensidad. Cero exposición, expresión. Trascender / enterrándose. Escritura, luego inscripción. Relacionar / sin relatar» (Armand 1982: 14). Se han tornado visibles ciertas claves de su obra, que pide ser leída más desde el padecimiento que desde el saber, como intensidad más que como inteligibilidad y que renuncia a exponer o relatar un paisaje porque lo que va a entregarnos son fragmentos, fracciones, desajustes; una poesía que surge sin los auxilios de la ceremonia literaria y que quiere formularse luego de la derrota de los discursos, negando toda narratividad al sentido. «Pero la imagen de una mano empuñando un erizo sugiere/ la derrota de la escritura como disponibilidad. El sentido, / aquí, es lo sentido y lo sentido se agota exclusivamente en la mano, como tortura de la materia que se desplomaba/ para extenderse». (Idem). Como si el sentido, en esta poesía, surgiera después de su desplome y proliferara aún más luego de su negación. Nada hay anterior al texto que enfrentamos, todo empieza en el acto que conduce a la escritura. El pasado es apenas una convención.

«Trascender/ enterrándose» es una frase paradójica que nos cede nuevas perspectivas para releer toda la literatura anterior, no sólo porque dicha frase corresponda a un época en que lo trascendente haya sido cuestionado sino también, y sobre todo, porque dentro del discurso presuntamente trascendental de la literatura se esconde, enterrado, el signo de su propia erosión, de su propia crítica. Es lo que en varios lugares de su poesía Armand escenifica mediante un debate entre Gutenberg y Aristóteles. ¿Qué se enfrenta en esa confrontación? Nuevamente, la letra versus la interpretación, la causa versus los efectos.

Invirtiendo nuevamente las lógicas, Armand intentará lograr «efectos en la causa», es decir, llevar los discursos literarios hacia una interrogación de su dimensión más cercana, digamos, más *enterrada*: la dimensión textual, lo que hacen las palabras.

Más allá de que esta frase pueda ser leída como parte de un método de escritura que el poeta ha aplicado incluso a su propia vida («Trascender / enterrándose»), intentemos leer en ella otras direcciones, para leer lo que permanece enterrado en *lo trascendente*, esto es, la letra borrada en el discurso, y ver ascender, junto a la materialidad textual que lo sostiene, un crítica feroz al sistema literario. El debate entre Gutenberg y Aristóteles nos propone un regreso a las palabras, esto es, a la causa de los efectos, y volver sobre ellas significará imprimir un efecto sobre las causas.

Lo que causa efecto son las palabras, la cualidad escritural del lenguaje y, en última instancia, las letras que forman su tejido. De su ordenamiento surgirán los efectos: ideas, metáforas, paisajes literarios. Si Occidente ha fabricado sus utopías literarias para rubricar sus causas, esta poesía invertirá la lógica de esa producción y se dará la tarea de escrutar, porque toda utopía es verbal, la dimensión textual de los discursos.

Aristóteles es la filosofía. Gutenberg, la tecnología. El primero es metáfora de la hegemonía cultural. El segundo, donador de una nueva naturaleza para el saber: su naturaleza industrial, material, tipográfica: reducción de la voz al papel impreso (¿«La voz / gastándose»?), distribución masiva de un futuro desencanto. Desencanto que nuestro poeta no evadirá y a partir del cual creará una obra profundamente crítica. De lo que se trata en esta poesía es de crear una nueva experiencia para el lenguaje, o tal vez, un afuera de la experiencia, una experiencia del desarraigo verbal temido incluso por los místicos más consecuentes. Thomas Merton, enfrentado al problema de relatar su experiencia, reconoce: «¿Qué puedo decir acerca de ello? No quisiera construir más murallas en torno a la experiencia, no sea que me quede excluido y atrapado fuera de ella para siempre» (López-Baralt 1998: 27), y es precisamente en ese afuera permanente (en que la subjetividad está en peligro de desintegración) donde nuestro poeta realiza sus mayores operaciones, desatendiendo de plano el «no salgas fuera» de San Agustín[2], para practicar una mayéutica problemática, un *desconócete* a ti mismo por naufragio. En su diario al borde la muerte, podemos decir que Martí se está saliendo del paisaje y Armand, en la misma dirección, se ha apostado en las afueras del lenguaje para dibujar su exterioridad, el improbable afuera del sentido.

---

[2] «No salgas fuera, regresa a ti mismo. En el interior del hombre habita la verdad» (López-Baralt 1998: 26).

El regreso de la escritura

Pero he aquí que detrás de las utopías y los paraísos totales, el texto siempre pugnó por salir a la superficie del discurso, para denunciar, precisamente, su cualidad textual, su humildad artesanal y tipográfica. Esto se hace claro luego de la expansión de la imprenta, cuya creación no sólo resultará en la distribución del saber a escala masiva, sino también en la erosión de su autoridad ahora democratizada. Incluso en pasajes de cierta literatura mayor encontramos indicios de este doble fondo, de esa fisura entre textualidad y representación. *Los Miserables,* obra *monumental* de Víctor Hugo, a quien Mallarmé asoció con la figura de un herrero por su férreo dominio del espacio literario, es atravesada por dobleces, digamos, donde los signos trascendentales de la guerra, por ejemplo, revelan su costado de artesanía, confrontando, si se quiere, la noción de monumentalidad al fragmento y la ruina; escenificando, oblicua pero definitivamente, una rebelión de los signos. El capítulo IV del libro primero (segunda parte) tiene un escueto título que nos pide regresar al nivel más elemental del alfabeto, la letra «A» (tal es el título), grado inicial de la escritura, fragmento de una combinatoria infinita[1]. Titulado con apenas una letra, este capítulo describirá la batalla de Waterloo:

---

[1] «Partiría, pues, de algo anterior al cero, la palabra, la letra A; escondido delante de mis máscaras, sacudiría alma y mano con la violencia de que, pese a todo, me sé capaz, aunque logre únicamente que falangetas y alvéolos griten,

Aquellos que quieran tener una idea exacta de la batalla de Waterloo no tienen más que imaginarse, pintada en el suelo, una A mayúscula. El palo izquierdo de la A es el camino de Nivelles, el palo derecho es el camino de Genappe; el palo transversal de la A es el camino bajo de Ohain a Braine-l' Alleud. El vértice de la A es Mont-Saint-Jean, allí está Wellington; la punta izquierda inferior es Hougomont, allí está Reille con Jerónimo Bonaparte; la punta derecha inferior es la Belle-Aliance, allí está Napoleón. Un poco más abajo el punto donde el palo transversal de la A encuentra y corta el palo derecho, es la Haie-Sainte. En medio de este palo transversal está precisamente el punto donde se dijo la palabra final de la batalla. Allí se ha colocado el león, símbolo involuntario del supremo heroísmo de la guardia imperial. (Hugo 2006)

Más adelante se nos dirá que entre los palos inclinados y el transversal de la A se encuentra una llanura llena de pliegues y ondulaciones, y un poco más allá, el bosque de Soignes. A la luz de la conciencia textual que nos da una obra como la de Octavio Armand, ¿acaso no es lícito ver en este pasaje la transformación de la geografía en tipografía y presentir el paso que da la Historia al devenir historiografía? En *Los de abajo* de Azuela hallamos otra escena de guerra en la que un grupo alzado violenta una propiedad y enciende una hoguera con los ejemplares de la biblioteca. Alguien entre los invasores («la Codorniz»), para avivar la hoguera, desgarra irreverentemente los grabados de la *Divina Comedia* —el libro más justificable y firme de las literaturas, según Borges–, en lo que podemos leer de nuevo, aunque desde otra perspectiva, un fuerte cuestionamiento de la representación y de la literatura como monumentalidad.

Pero es en el pasaje de Hugo donde mejor se observa la operación que nos interesa. Allí, junto a una descripción colosal de los héroes,

---

asombrados, como par de brazos amaneciendo sin cúbito» [...] «debo , pues, inventar un lenguaje capaz de callar y no decir nada a nadie», dirá significativamente Armand en el poema «Articulando la insuficiencia» de *Entre Testigos* (1974: 24).

encontramos ese trasfondo tipográfico que parece aludir a la fase industrial de la literatura, al proceso de producción de la ficción, es decir, a la confección escrituraria.

Detrás de esa descripción bélica, adivinamos como tras la escena, el trabajo minucioso de Gutenberg: la manufactura, los tipos de metal imprimiendo la página, el aspecto menos *humano* de la literatura: su proceso industrial. Y detrás de esta geografía cuestionada, aquellos pliegues y ondulaciones rurales nos sugieren de inmediato el papel en estado pulposo: un bosque detrás de las letras que remite al papel en su estado primordial. («Los libros, esos árboles maravillosos que tienen las hojas adentro», ha intuido en otra parte Octavio Armand[2]).

Un personaje de *Cumbres borrascosas*, al dormirse, ve alzarse en la oscuridad una multitud de letras blancas como lívidos espectros. Junto a ese personaje que ve nombres flotando en la oscuridad, podemos decir, se estaba soñando la escritura. Los nuestros, sin embargo, son tiempos brechtianos, en los que la literatura ha despertado de su largo sueño. Nuestras «condiciones literarias de producción», como diría Benjamin, hacen posible la creación de un paisaje consciente de sí. Conciencia que ha permeado incluso los paisajes del sentimiento, como lo muestra la «Carta de Amor» de Gonzalo Rojas, poema que aborda un motivo sentimental sin prescindir de la conciencia instrumental que lo produce: «Celébrote a máquina sin más laúd / que este áspero / teclado de la A a la Z…» (Rojas 2007: 204). El amor como transcripción, como aparición material de la huella (un estado de conciencia escritural en que los habitantes de la literatura, como un personaje de Henry James, pueden «sentir en bastardillas y pensar en mayúsculas». James 1969: 22). La inspiración no proviene sólo del corazón sino también del teclado, gestión en la que podemos leer, nuevamente, el cuestionamiento de las fuentes legitimadas del pasado. Los niveles de impugnación, obviamente, son superiores en

---

[2] «La mitad de ocho», en *Horizontes de juguete*, 2009.

la obra de Octavio Armand. Allí, no sólo los temas sino la estructura toda del pensamiento poético y la organización verbal van a ser fuertemente socavados. Cabrera Infante habla incluso de locura: «Armand ha creado su propio universo verbal: unas veces incorporando otras voces, otras veces repitiendo un estribillo hasta hacerlo parecer insano». Sus versos, para el narrador cubano, «parecen no existir», a tal intensidad ha llevado Armand sus indagaciones verbales (Carol Maier, su traductora al inglés, resaltará como una de las potencias de su poesía cierto *desvarío* lingüístico y una sugerente «inadequacy of language»[3]).

Veamos en esa desaparición −esos versos que parecen no existir− la realización verbal de la demencia de Zequeira, borrándose a sí mismo al tocarse con el sombrero y alcanzando, en el acto de borrar, la mayor elocuencia.

Esa conciencia que ganamos en la poesía de Armand nos permite iluminar retrospectivamente el camino recorrido por la escritura en su ascenso hacia la superficie de la página, de manera que podemos ver en su obra, no sólo una serie de gestiones literarias de impugnación, sino también la postulación de un sistema crítico que nos hace reconsiderar la noción de literatura en tanto que consigue, para repetir su mortal paradoja, quitarle al ojo su mirada; transformándonos, como decía Lyotard, en un lector «que ya no sabe o todavía no sabe leer» porque a partir de ahora, en esta conversión −cuyo biógrafo es Armand−, el orden de la literatura toda se habrá transformado.

---

[3] «I was drawn to Armand's poems», declara Maier, «by their confluence of visual, auditory and tactile images articulating the inadequacy of language» (Maier 1977: 57).

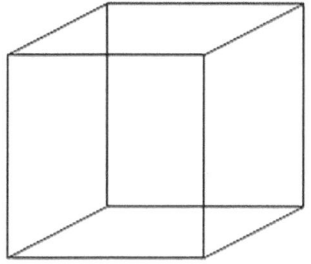

Aviso de derrumbe

El cubo[4] que aparece en el poema «Palabra sobre palabra» puede leerse como un aviso de derrumbe (véase página 85). Mirado con atención, veremos que por un efecto óptico las caras de este cubo parecen cambiar de lugar junto con las palabras que contienen. *Poeta, profeta, protesta,* son los vocablos que dentro del cubo entrarán en un estado de variación permanente. En la primera parte del poema, habíamos visto las palabras interceptándose hasta convertirse en mancha, en tinta informe sobre la página: escritura que disuelve la escritura. Ahora las vemos cambiar de dirección en un ciclo indefinido, en una errancia sin término que amenaza con menoscabar el significado de esos *signos en rotación.* En su estudio sobre las figuras imposibles, «formas a las que el OJO rara vez tiene que enfrentarse en la realidad», Bruno Ernst analizó el comportamiento de este cubo, considerándolo dentro de la serie de figuras ambiguas. Ernst se detiene ante el cubo y al advertir su efecto óptico, admite: nos será difícil determinar cuál de sus caras está más cerca de nosotros. «En la retina», dice para explicar el fenómeno de inversión incesante, «todas las líneas tienen la misma dirección, pero a medida que percibimos la figura invertida, todas las líneas (en el espacio) parecen cambiar su dirección» (Ernst 2006: 35). Puede decirse que esta figura se desliza por toda la obra de Octavio Armand, contaminando con su mecanismo de indeterminación la sintaxis del poeta, revocando los derechos del ojo y afectando el proceso de la percepción. Lo que el cubo pondrá en escena, en este caso, es una escrupulosa optometría que hará del poema una compleja ciencia del

---

[4] Llamado cubo de Necker, ilusión óptica elaborada en 1832 por el cristalógrafo suizo Louis Albert Necker.

espacio, una geometría que convierte las palabras y el propio espacio en objetos migrantes. Como un origami, el espacio se doblará en pliegues y el poema fabricará la ilusión de una interioridad que se abre para capturar al lector y derogar su habitual perspectiva dominante. Cuando se materialice este principio, el lector se desplazará hacia el interior de la página a través de un escorzo extraño, las palabras se mirarán en un espejo anagramático que las alterará al refractarlas o el espacio crecerá para albergar, dentro del poema, la conjetura de una perspectiva labrada por una intuición que trasciende las posibilidades de la lengua al producir conceptos ópticos, geométricos, a través de los cuales el poeta insinúa su protesta. Nombrar dentro del cubo que acabamos de ver será entrecruzar los sentidos, tachar la semejanza y mover incesantemente de lugar las identidades y los oficios. Poeta y profeta, nobles títulos de antaño, serán ahora meros transeúntes que se intersectan y se privan a la vez. Al poner palabra sobre palabra, el poeta tacha la vieja jerarquía de esos nombres, expresando así su característica renuncia a los bienes literarios. El cubo funda un desacuerdo, socava la antigua soberanía del poeta como profeta sin restaurar nuevamente sus engañosas facultades. Al convertirse en un espacio reticente, el cubo no podrá sostener ninguna presencia. Zona de asedio y de especulación, interrumpe el mito de la poesía y propone una investigación de orden geométrico hacia el interior de la página. No debemos fiarnos de lo que vemos, parece decirnos el poeta. Ver para no creer. Leer según la incierta geometría de Tlön, ese lugar imposible, conscientes de que el espacio a nuestro alrededor se modifica mientras lo atravesamos.

Adiestrados en la mecánica del cubo todo cuanto leamos podrá dar marcha atrás, decirse y desdecirse al derecho y al revés, detenerse en un manchón de tinta o extender sus ilusorias ortogonales hacia un fondo conjetural que cuestiona la autoridad de nuestro sistema perceptivo. Hasta este punto podrá afectarnos la labor de este infrecuente y decisivo poeta latinoamericano, cuya obra consigue producir la metamorfosis del espacio (sin tener que recurrir, necesariamente, a recursos estrictamente gráficos, como veremos en la página que sigue).

Estamos ante un poeta que se ha propuesto hacer girar las poéticas junto a sus destinos literarios. Hacer girar si es posible al lector, al pequeño universo instalado sobre la página y a la página misma, en medio de la cual ha construido un pasadizo para arrojarlo hacia una perspectiva inesperada, produciendo un efecto ortogonal en el espacio hipotético del poema, ejecutando una compleja rotación cuyo eje es más veloz que el mundo que desplaza a su alrededor. Así organiza su arquitectura. Así desarrolla su particular perspectivismo, un sistema de curiosas correspondencias espaciales que desafía la superficie de la página imaginando un plano de complejas dimensiones. Como en el caso del pintor catalán Borrel del Caso[5] (1835-1910), donde los personajes están saliéndose del cuadro, el poeta fabrica dentro de su obra la estructura de una fuga, la lógica de un desplazamiento en el que el afuera y el adentro trasponen sus límites.

Retráctil, plegable, el poema se des-extiende. La página, rota, fabrica dentro de sí una dimensión penetrable:

Otra poética

El ojo que mira
¿qué mira?
La palabra que dice,
¿qué dice?
¿Adiós a dios?

Me baño en un espejo:

---

[5] Pintor del que se ha ocupado por cierto Octavio Armand en «Vano azogue», ensayo publicado en el blog *El Tono de la Voz*, del escritor y traductor cubano Jorge Ferrer. Véase también el emblemático «Escapando de la crítica» de Borrel del Caso.

> el cuerpo es un color
> y la distancia otro.
>
> Con letras negras:
> hojas verdes.
> Con letras negras:
> labios rojos
> como los tuyos.
>
> Me escondo en tu respiración.
> Afilo un cernícalo
> hasta que vuela
> y quemo la página que lees
> con tus ojos que también quemo,
> tus ojos negros como letras.
>
> Tú y yo
> beberemos juntos
> largos sorbos
> de un agua más cristalina
> que la ausencia.
> En una línea final serpenteante
> un agua seca que sacia y no sacia. (Armand 1987c: 26)

Extremos migrantes, el lector y el texto intercambian aquí su lugar. El uno es vertido hacia el fondo del otro, y aquello que nombran las palabras regresa hacia la expresión en que fuera producido, como si un reflejo regresara al espejo del que partió. La naturaleza (las hojas verdes) o la pasión (los rojos labios) son devueltos al espejo de palabras de donde han surgido: la letra negra e incuestionable sobre la página. «Con letras negras» ha escrito «labios rojos», confiesa, y al hacerlo amenaza la naturaleza de lo nombrado; le quita, literalmente, color, revelándonos el desfase y la distancia entre el nombre y lo nombrado («el cuerpo es un color / y la distancia otro», advierte luego enigmáticamente, como si quisiera distraer toda clave para el desarrollo del análisis o la interpretación).

Al regresar el paisaje hacia su condición verbal, nos provee de una certidumbre en cierto sentido deflacionaria: el poema es el lugar donde el poema tiene lugar –parece advertirnos lapidariamente– y ese cosmos que levanta el poema proviene ciertamente de una combinatoria alfabética, de una tecnología literaria. A partir de tal crudeza, nos exige pensar lo poético nuevamente, según otra poética (título del poema, no lo olvidemos), es decir, según otras leyes aún por inventar.

En la primera estrofa, un espejo inusual funciona por eco: «El ojo que mira / ¿qué mira?» […] «¿Adiós a dios?»… leemos, digamos, con el oído, interrogando al ojo y dudando de su actividad. Le sigue esa extraña deducción frente a un espejo que, contraviniendo nuevamente la ley del azogue, no refleja sino que por el contrario absorbe la imagen. Si antes nos colocamos frente a la experiencia de un espejo acústico que duplicaba el lenguaje mediante el sonido, ahora nos miramos con el poeta en un espejo líquido que va a borrarnos, enrareciendo, con su extraña ciencia, las leyes de la física: «Me baño en un espejo: / el cuerpo es un color / y la distancia otro». La tercera y cuarta estrofa desarrollan el mecanismo extraordinario que logra producir el eje de rotación antes mencionado, sugiriendo el movimiento del lector y lo leído en una traslación sorprendente. Por un momento, el lector está dentro del texto que, por su parte, acaba de saltar hacia los ojos que lo leen desde afuera: «quemo la página que lees / con tus ojos que también quemo, / tus ojos negros como letras», nos dice, fundiendo por un momento la sustancia de las letras con la de los ojos, haciéndolos girar en una deflagración que no arde y que sin embargo, a pesar de su condición textual, logra desconcertar nuestro sistema intelectivo, pues esa incomprensible «agua seca», como la tinta del poema, «sacia y no sacia» ninguna de nuestras expectativas lógicas. Así, al detener el lenguaje, con perplejidad, con estupor, el poeta dice nada y, al mismo tiempo, todo lo que puede.

Con la intención de hacerlo zozobrar hacia el otro lado del lenguaje, el poema ha exportado al lector hacia su fondo variable. De la gramática, el poeta ha hecho una geometría. Produce una cavidad, una teoría del espacio en la cual la página cobra desconcertantes dimensiones. Convertido en pasajero, el lector habrá de recorrer ahora la longitud que ha ganado el poema. Lo plano se ha extendido, creando un pasadizo paradójico e impermanente. «Si se entraba no se sabía si se había entrado, pues era un vacío» (1982: 10), «Entro a un poema y lo vuelvo a leer» (1980b: 37), «Leer para verterse hacia lo leído» (1977: 45), «Cavaré con mi propia lengua el agujero» (1976: 34), «Húndete, topo, entre estas / líneas; haz tu pequeño agujero; lee» (1982: 39), «Lees / lo que tus ojos / escriben» (1999: 44), son frases dispersas que, reunidas, parecen instruirnos sobre el vértigo con que debemos enfrentar su escritura cóncava.

Por la cantidad de imposible que contiene, la frase: «Tú y yo / beberemos juntos / largos sorbos / de un agua más cristalina / que la ausencia», parece invitarnos al más rotundo ágape de la frustración (la Liebre también le ofrecerá a Alicia un vino inexistente y al hacerlo la estará iniciando en la ciencia que deshace toda certidumbre, en la física naciente e inverificable). La serie de fluidos paradójicos y de fluctuaciones imprevistas, al remitirnos a la lógica de la ausencia, suministra una clave de la extraña circulación de los sentidos que prevalece en esta obra. El agua cuya transparencia supera la ausencia en su inexistente proporción, conecta oblicuamente con la pulsión ágrafa que atraviesa esta escritura[6] y, en otro plano, remite a las páginas sin letras del *Tristam Shandy*, al inalcanzable grafo nulo de los matemáticos y al curioso espejo que Lewis Carroll instaló en la literatura occidental para que se fugue, como por un foso, toda nuestra racionalidad.

---

[6] Pulsión que se materializa en varios poemas, como por ejemplo en «Cinco piezas de invierno», de *origami* (1987c).

Al concertar las líneas sugeridas por el poema, el lector estará pasando a una desapercibida clandestinidad. Caerá en el espacio calculado por el poema y *tocará* su secreto. Precipitado en su mecanismo interior, verá, de pronto abierta, la irradiación geométrica que lo contiene y que lo hace girar, arrastrado por el eje de rotación que el poeta ha imaginado. A la larga, el poema se habrá hecho ver desde sí mismo, meditando su autopsia. La escritura se ejecutará en el ojo.

El marco de la página comenzará a moverse; el espacio se lanzará contra el espacio y, por obra de una curiosa industriosidad, el lenguaje habrá perforado el centro virtual de la página. Al otro lado del agujero, un panorama invertido nos dispensará de la voluntad de verdad y nuestro sistema cognitivo irremediablemente se habrá alterado. La página, el escenario donde todo esto ocurre, ganará una nueva flexibilidad. Todo se mueve ahora dentro de sus límites descartados, y el espesor vacío de la hoja de papel redoblará su amplitud de manera inesperada. (Al retener al lector dentro de sí, ¿coloca las palabras fuera de la página?). El lector es aquí el pasajero de un espacio en transición; el poeta, una especie de extranjero atormentando los mapas, un geógrafo que apunta las coordenadas de la vacilación. Al otro lado de la página, plagiándonos el rostro inclinado sobre el presente de la lectura, el poeta nos estará robando nuestras señas de identidad: «Las líneas de mi mano / Son las línea de tu mano / Lees / Lo que tus ojos / Escriben / Así comienza el poema» (Armand 1987c: 44).

Al traducir la mecánica del cubo al sistema interno del poema, el poeta ha logrado transcribir y trasladar la operación que el cubo hacía visible a un concepto conjetural, a una geométrica invisible y compleja que, desde el interior del poema, desafía la arquitectura literaria, moviendo a quien lee hacia el fondo del poema, el cual ganará, por la ingeniería verbal que desarrolla, una longitud desconocida, un surgimiento que se vuelca hacia el interior de la página. Desde ese fondo posterior, veremos el otro lado del lenguaje; leeremos, como lo haría un ciego, los signos que perforan la superficie de papel. Así, habremos ganado en la lectura la ampliación de la dimensión hipotética donde está ocurriendo la escritura.

II.

Severo Sarduy, alcances de una novelística

Síntesis y congestión

En el panorama literario latinoamericano de la segunda mitad del siglo xx, la obra de Severo Sarduy surge para esbozar una nueva frontera estética que desbordaba los hallazgos más novedosos de los renovadores de la literatura de nuestro continente. Si las obras de Carpentier, Asturias, Onetti, entre otros, habían servido «para marcar una serie de hitos a través de los cuales la narrativa hispanoamericana pasa del realismo telúrico de los Rivera, Gallegos, Guiraldes y los demás, y de la crónica realista de los Azuela, Guzmán, Ciro Alegría *et alia*, a formas narrativas mucho más complejas» (Rodríguez Monegal 1972: 76) -que anunciaban y abonaban el terreno para que Cortázar, García Márquez o Vargas Llosa desplegaran luego esa narrativa que colocaría a la novelística latinoamericana en el primer plano de la literatura universal–, la obra de Severo Sarduy iba a fundarse en la recusación, por no decir impugnación, de los recursos fundamentales de esta novísima novelística. Sarduy desinfla, pone entre comillas y hace bascular los fundamentos de la novela del llamado *boom* de la narrativa latinoamericana, del género novela en general y de los cimientos de nuestra cultura.

Si la fundacional *Rayuela* de Julio Cortázar estaba signada por ese gran tema de la literatura latinoamericana moderna que es la búsqueda de la identidad cultural, pregunta por el origen, la novelística de Sarduy va a producir, en el lugar de esa interrogación, la noción de lo falso y del error, lo cual era, y sigue siéndolo hoy, escandaloso o arriesgado.

Sarduy revelará para la literatura latinoamericana que nuestro origen descansa sobre un error azaroso, un malentendido, una contaminación de imaginarios, con lo cual se adscribe, si nos atrevemos a atender las entrelíneas de nuestra historia, a esa otra tradición de ocultamiento, ficcionalización y agresión contra lo real que se funda en el momento genésico del Nuevo Mundo, cuyas repercusiones se extenderían hasta épocas mentales muy recientes.

Colón, gracias a una lectura falaz del mundo, inaugura nuestro extravío y dispersión cultural al confundir a Oriente con Occidente, a la India con América, a Cuba con Cipango. Con involuntario gesto cervantino, el almirante añadirá a la efervescencia del Nuevo Mundo un ingrediente (un texto) oriental. Desde entonces, el signo de Latinoamérica parece haber sido errar y buscarse, desenmarañar y traducir incesantemente la confusión de sí misma.

A la par de esta constatación, Sarduy desarrolló una lucidez literaria cuyo punto de partida ha sido esa conciencia del error que pronto irrigaría su propia concepción de novela, la cual entenderá como objeto falso, como sistema de simulación, llevando al género novelesco a los límites de la autoimpugnación.

Al tiempo que desafiaba las garantías de funcionamiento del género, su obra cuestionaba la *summa* y el proceso de nuestra cultura, parodiando aquellos momentos en los que nuestra «realidad» estuvo peor sostenida por una estructura ideológica endeble y sentimental. De ahí que en su obra destaque el relato de los vestigios coloniales, del mal gusto o de las supersticiones populares; la parapsicología o la radionovela, las ilusiones nacionales, momentos de lo real condicionados por cierto candor y cierta fe que lograron ocultarlo dentro de una organización mental anacrónica, cuya vigencia empieza a resquebrajarse en épocas más o menos recientes. He aquí, en resumen, lo que podríamos llamar la gestión, el campo operatorio de su obra.

Siendo el escritor que traicionara los secretos de la profesión y que desmitificara la moralidad del origen y de la cultura nacional como plataforma legitimadora de los discursos novelescos, Sarduy fue considerado tempranamente como un aguafiestas, un traidor y un escritor de cuidado. Tan impopular como su maestro Lezama, tan desdeñado por los lectores garciamarquianos, Severo Sarduy iba a pagar caro esa inquisición a las fuentes de la cultura hispanoamericana y al género novelesco que significó su obra, atacada desde su aparición por los dogmatismos sociológicos de la época. Roberto Fernández Retamar en su conocido ensayo *Calibán* se refiere a la prosa de Sarduy como un deleznable «mariposeo neobarthesiano» (Fernández 1971: 146)[1]. Onetti tampoco entendería el proyecto del novelista cubano y reduce su escritura a mera pirotecnia verbal. Lo mismo harían Nicolás Guillén y Jesús Díaz, mientras éste último permanecía fiel al gobierno de la isla. Vargas Llosa, más respetuoso, se limitaría al deslinde de ese mundo paródico y desactivador que representaba la novelística sarduyana. Había razones para lamentar a Severo, entre las cuales contamos la desacralización de los fundamentos de la cultura, la parodia a que sometía el texto de la historia, las agresiones cometidas contra lo real –y, sobre todo, contra los mecanismos de lo ficticio–; la lucidez y agudeza con que destejió el tapiz de nuestra identidad.

Fue, tal vez, junto a Lezama, el autor que más insistiera en revolucionar profundamente tanto la práctica escritural como la lógica de la recepción, los hábitos de lectura, y las garantías sustentadoras de nuestra cultura. Concuerdo plenamente con ese agudo y desmitificante ensayo en que Abel Prieto contrasta la obra de Julio Cortázar con la de Lezama. «Es probable», escribe Prieto sobre el autor de *Rayuela*, «que unos años después, en medio del pasmo que le produjo la lectura de *Paradiso*, el escritor argentino hubiera intuido vagamente

---

[1] Sigo los datos proporcionados por el esclarecedor libro de Roberto González Echevarría, *La ruta de Severo Sarduy*, 1987.

que sus cuentos – a pesar del vómito de conejitos, del tigre que pasea por la casa, de los cronopios y los manscupias – dejaban intactos los principios básicos del racionalismo burgués, optando por una imaginería onírica paralela, que convive, sin esfuerzo, con los reglamentos racionales» (Prieto 1988: XX). Sarduy, que parte de la revolución poética efectuada por Lezama (Rodríguez Monegal 1972), intentará ir más lejos que su maestro al poner en un punto de máxima vacilación la integridad de la novela, cuya unidad fractura a través de procesos parodiadores que trataremos de aludir más adelante.

Aquellos juicios, torpes y dogmáticos, que velaban el alcance de su novelística, no podían intuir el gran proyecto literario que nuestro autor imprimiría en siete novelas, varios libros de poemas y otros tantos de ensayos. Sólo algunos críticos consiguieron advertir la trascendencia de este escritor que empujaba los hallazgos del *boom* hasta bordes imprevistos. Emir Rodríguez Monegal decía, en 1972, que el lenguaje de Sarduy tenía claves escondidas, por lo cual se explica

> que su obra siga siendo aún secreta, aunque creo que *Cobra* habrá de resultar más explícita. Aun así, Sarduy está escribiendo para lectores del futuro y es muy probable que su obra siga siendo soslayada por quienes todavía creen que la literatura debe seguir llamando al pan pan, y al vino vino, como si ese benemérito refrán (como si el lenguaje entero) no fuera, inevitablemente, también metafórico. (Rodríguez Monegal 1972: 98)

Tres décadas después los prejuicios no desaparecen, y Sarduy continúa siendo un escritor secreto. Su obra no sólo explora las zonas más ambiguas e incómodas del sujeto sino que, además, desmonta el canon y amenaza los presupuestos de aquella novelística formadora del nuevo lector latinoamericano, la del llamado *boom* de la narrativa latinoamericana.

La radiografía de la identidad intentada por el indigenismo, la novela de la selva y, posteriormente, la de la narrativa del *boom*, será coloreada (cosmetizada) por el malicioso Sarduy con unos tonos nacarados, al modo como aquellos retratos de nuestros abuelos mestizos fueron *mejorados* por el pincel manierista de los pruritos raciales (rasgos duros suavizados en un fondo vaporoso, pastel; labios resecos alegrados por la frescura impostada del fresa).

Así funciona la obra de Sarduy con respecto al Libro de la cultura y la literatura hispanoamericanas, cuya secuencia y estabilidad descompagina, subvierte y reconduce de manera radical. A la par de Cortázar, García Márquez o Vargas Llosa, cuyas obras podemos considerar de afirmación (de renovación, de búsqueda o consolidación de lo novelesco y de lo americano), aparecía en la escena literaria, como una ambigua Gioconda, la obra de Severo Sarduy. Su impacto sobre la conciencia literaria hispanoamericana será profundo y, sin embargo, secreto. Con pocos lectores y algunos enemigos, su obra consigue adelantarse a los postulados enunciados por la novelística en lengua española de entonces, anunciando la próxima vuelta de tuerca que daría la novelística posterior. Al mismo tiempo, su obra ofrecería un delirante recuento de los estatutos culturales hispanoamericanos, una especie de panorama o repertorio de realidades y, más exactamente, un catálogo de nuestras confusiones. Su obra no significó un punto de ruptura (el sujeto contemporáneo sustituye la ruptura por la interrogación de su herencia, como advierte Dominique Viart) sino un momento de interrogación, es decir, de vacilación o vaciamiento de la tradición. Las nociones vigentes («legítimas») que latían bajo el discurso novelesco, esto es, los metadiscursos políticos, culturales e identitarios, van a ser vaciados o, más bien, resignificados en el vuelco e inversión de paradigmas que representa su obra.

¿De qué manera invierte Sarduy la tradición?, pues, apropiándose de los discursos ajenos, fundacionales, para reescribirlos y, al reescribirlos, someterlos a una curiosa inestabilidad que hará de los signos instituidos una fuente de nuevos hallazgos. Se trata de un punto de inflexión donde la tradición es sacudida por la intervención de una conciencia cuestionadora, paródica y desarticulante.

El texto de Sarduy solicitará la comparecencia de otras obras, de otras disciplinas y discursos, para reinsertarlos en un nuevo ordenamiento que criticará y reelaborará los sentidos de tales textos. A esa facultad que tiene la literatura de evocar y hacer presentes otros textos dentro del texto, conocida comúnmente como intertextualidad, Sarduy agregará algunos ingredientes innovadores. Para él, la intertextualidad significará más que evocación e influencia, reelaboración y alteración. Sarduy convoca los códigos y los discursos establecidos para restaurarlos en otro lugar mediante un proceso de interpelación y parodia que consigue desquiciar los signos de su estabilidad original para hacerlos decir lo aún no revelado. Su obra, siguiendo los principios compositivos del collage, que consiste en «dar un sentido nuevo a lo preexistente», manipula «críticamente el estado de las formas establecidas y de las ideas recibidas, con el objeto de hacerlas decir lo todavía no dicho que hay –y que siempre habrá– en ellas» (De la Flor 1997: 36).

La obra de Sarduy representa, entonces, un punto de síntesis y congestión en el que se cruzan las líneas discursivas de lo hispanoamericano. Su novelística podría ser leída como un sistema crítico que acomete la reevaluación de nuestra historia, del texto de nuestra cultura y de nuestras íntimas ilusiones nacionales.

A partir del espacio

> Borges: *Me imaginaba el paraíso como una biblioteca*. Yo, que leo tan poco, más bien lo imagino como una pinacoteca.
>
> Severo Sarduy

Dos momentos del espacio, dos modos de entender y de plantear el espesor literario organizan los principios textuales en la obra de Severo Sarduy. Intensamente influido por lo pictórico –es él mismo pintor y crítico de arte–, la pintura va a mediar en su interpretación del espacio y en su lectura de lo real. El propio Sarduy confesará tempranamente su estrecha filiación con la pintura, su empeño en recuperar el mundo a través de una percepción plástica. Hablando sobre *Gestos*, su primera novela, aclara: «La planta eléctrica que describo, por ejemplo, es un Vasarely y luego un Soto; los muros son Dubuffet. Estos gestos no son, como se ha dicho, movimientos de gente que habla, sino pintura gestual. El arte me sirvió de intermediario con la realidad» (Rodríguez 1968: 274). «Pintura gestual», a lo que habría que agregar, gestos del espacio: torsiones, desplazamientos, contracciones y disolvencias: anamorfosis. En esta doble dimensión del espacio, dos hemisferios de su obra que interesa destacar, van a inscribirse las otras metáforas, omnipresentes u obsesivas.

Para organizar dichas dimensiones del espacio, soportes de su poética, podemos comenzar por agrupar, según una filiación formal y de sentido, los intereses estéticos que movilizan su obra. Por una parte, encontraremos una intensa manifestación de los volúmenes, del peso y de las formas que, en términos de la historia del arte, podríamos llamar «figurativa». En esta faceta del espacio se van a concentrar las impresiones proliferantes de lo tupido, de lo mórbido y lo mohoso: la astucia ornamental del fasto y el derroche, la voluptuosidad y el exceso de lo corpóreo.

Aquí las imágenes se afiliarán con la estética de las naturalezas muertas, con la ornamentación lujosa y fúnebre, la exacerbación vegetal o la casi materialidad de los climas, la técnica del *chiaroscuro* y, claro, con la preocupación por el cuerpo, vivo o muerto.

Las deudas serán con los universos plenos y palpables de Rubens o Rembrandt, Goya o Churriguera, así como también con Botero o los pintores arabistas, en cuyas obras lo corporal se acentúa bajo la vaporosidad de los tules y los pliegues de la seda; hasta dar con las elaboraciones saturadas y truculentas del *kitsch* o la estética pastosa sadomasoquista.

El tema de la muerte o la enfermedad, lo erótico y lo escatológico, fundamentales para la novelística de Sarduy, remiten automáticamente a la noción de cuerpo o corporeidad. La producción metafórica articulada según estos rasgos corpóreos del espacio percibido en su espesor sensorial, hará de la atmósfera insular cubana un clima cromático; del ámbito añejado del patio colonial, un hábitat donde hierve el caos inicial y donde las tías pasean sus nostalgias de organza; de la zona inferior del cuerpo, un escenario de secreciones que prepara el regreso de estadios olvidados de la humanidad.

El patio de la amplia casona colonial será el escenario vegetal que las mujeres de la casa atraviesan con su vestuario a lo Flaubert y el seseo aletargado de sus sombrerones. Como telón de fondo, una luz porosa, plantas que destilan su esperma gomosa a la hora de la siesta.

Todo se manifiesta aquí en su densa materialidad. Todo es espesor, del rito funerario o sexual a la fiesta de disfraces o el carnaval; todo se gesta en el volumen. Se trata de una retórica del contorno y la sinuosidad, relato de lo físico y de su mortalidad. Prosa que procede según una *simpatía* sensorial, fervor por las superficies.

Las metáforas de la muerte y la enfermedad, de lo excremental o lo erótico, se desencadenarán a partir de esta interrogación del espacio formulada desde una comprobación palpable y corruptible.

En cuanto a la otra dimensión del espacio, su formulación se corresponderá con lo que podemos llamar, sin duda, el diseño interior de la novela; es decir, con la estructuración del proyecto novelesco, la puesta en perspectiva y la construcción del andamiaje narrativo, donde el espacio será entendido más como algoritmo que como densidad, más como silogismo que como volumen. Estaríamos entonces dentro de una manifestación abstracta, no figurativa, del espacio.

La filiación primera que podemos hacer en este caso, quizás la más obvia, es con el *Nouveau Roman,* y luego con el arte cinético de Soto o Cruz-Diez, cuyas elaboraciones, armadas para simular movimiento y profundidad, ponen en tela de juicio la unidad de la obra de arte y la estabilidad del ojo (engañado) del que mira. La deuda con el cinetismo será notable, pero la concepción (en este momento) del espacio es tributaria a la vez del acertijo especular que introduce Velásquez en su obra más conocida, de las deformaciones y redistribuciones del espacio propias del cubismo o del desdoblamiento demente de los bordes en Escher. En su novela póstuma *Pájaros de la playa*, Sarduy (1993: 33) hablará por cierto de «un tiempo plegable y desplegable como una casa de papel».

Un penetrable de Soto y una novela de Robbe-Grillet se parecen en que ambos invitan a mirar el proceso interior de la obra. Los dos denuncian aquello que, por interno, era invisible: revelación de una transparencia. Una novela como *La Celosía* de Robbe-Grillet, descorre el velo que ocultaba el mecanismo interior de la novela, para denunciar el proceso de su producción y su funcionamiento, haciendo de la propia estructuración novelesca tema narrable. («Mi novela [*De donde son los cantantes*] es justamente eso, una estructura», declaraba el novelista a Rodríguez Monegal 1968: 276). Hay, sin embargo, una distancia notable entre la ausencia de sujeto emotivo de esa novelística y la heteromorfia y androginia características del personaje sarduyano.

La proyección geométrica del espacio en esa novela de Robbe-Grillet, el corte casi quirúrgico de las figuras, escinde al personaje del ámbito que lo envuelve para desnudar al decorado en su accesorialidad y desmontar los procedimientos narrativos acumulados por el género hasta ese entonces: se trató de una *desencarnación* de la novela en Occidente, una desaceleración y un entorpecimiento arbitrario de la fluidez narrativa. Rompimiento de la línea recta, de la fluidez con que se desplazaba el relato, para circunscribirlo a un juego de rectángulos y cuadros, de triángulos y ángulos filosos. No nos incumbe ahondar ahora en las propuestas y hallazgos de esta corriente de la novela contemporánea (mediados del XX). Nos importa señalar que, más allá de la visible, como lo hacía consciente la novelística del *Nouveau Roman*, hay una estructura invisible que organiza otro nivel de la novela. En este nivel interior del espacio ficcional, podemos encontrar una organización de orden geométrico o una geometría de la historia, orientada por figuras que influyen no sólo en la construcción de los escenarios de fondo, sino también y, sobre todo, en los virajes y en las interrogaciones de la trama. Si reconocemos que hay una hidráulica en la novela, un sistema por donde fluyen los sentidos; una arquitectura o una ingeniería, acordaremos de buen grado que exista también una geométrica del texto, una estética elaborada a partir de intuiciones y figuraciones geométricas.

La de Robbe-Grillet es una novela que, deliberadamente, trasluce sus figuras de fondo: rectángulos, ángulos filosos, ventanas, líneas de sombra que cortan el tedio de las superficies, elaborados por una sintaxis retráctil que se circunscribe al dibujo cuadrado que se ha puesto como límite: la casa, la habitación y aún el libro sobre la mesa, que un personaje recomienza a cada momento en el mismo párrafo, como si la lectura de la novela no pudiese avanzar, cercada o interrumpida por el filo de las figuras angulares.

Como veremos, una de las figura fundamentales que subyace a la *poética* sarduyana es la de la espiral, figura que modelará el proceso desmitificante y paródico emprendido por su obra. Dicha espiral podrá derivar también hacia el bucle, la elipse, la fuga helicoidal o la anamorfosis… ¿Nos enfrentamos acaso a una novelística heteromórfica; a una poética del espacio que encuentra su equivalente en un Soto; a esa noción de escritura *estereográfica* señalada por Roland Barthes (1997: 10)?

Antes de volver sobre el concepto de la espiral como esquema de acción de la novela, detengámonos momentáneamente en ese recurso técnico extraído de la pintura, la anamorfosis, de profunda repercusión en la arquitectura novelesca de Sarduy. En una novela como *Cocuyo*, la puesta en escena de la anamorfosis (esa enigmática distorsión del espacio y estiramiento de las figuras que pospone la identidad de lo representado) alcanza un desarrollo brillante. Valga aclarar que la anamorfosis, en pintura, equivale a una toma de conciencia de la perspectiva, a una formulación de la mirada (una lógica de la recepción) desde el fuero interior de la obra misma; ésta, y no el espectador, decide desde dónde debe ser escrutada, y empuja al espectador desconcertado hacia los bordes de la representación. Anamorfosis (en griego *transformación*) es, según el DRAE, una «pintura o dibujo que ofrece a la vista una imagen deforme y confusa, o regular y acabada, *según desde donde se le mire*». Diabólica inversión (la anamorfosis fue relacionada con la magia negra en el siglo XVI): el cuadro, de pasivo objeto de contemplación que entregaba su «mensaje» a la primera solicitación de la mirada, pasa a ser ojo que mira desde una perspectiva perturbadora.

Esta cancelación de la lectura frontal que es la anamorfosis, somete la decodificación del cuadro al desplazamiento del espectador, de uno a otro borde de la obra; sólo entonces, ésta concederá alguna vislumbre, algún dato de su organización -de su dibujo– interior. Este dibujo permanecerá oculto en un aparente desconcierto de formas, y sólo la oscilación de la perspectiva, la basculación del punto de vista, podrá hacer que del desorden surja alguna inteligibilidad dentro de la obra. La obra exige entonces una mirada oblicua, una lectura barroca. Se trata de un profundo desquiciamiento de los valores del arte figurativo y una crítica de la representación.

Un poemario como *Big Bang* (1974) lleva a niveles explícitos el recurso pictórico de la anamorfosis, elaborando, con el poema, figuras que se reparten y se contraen en la superficie de las páginas. Con un pie en el caligrama a lo Apollinaire y otro en el piso de un salón árabe, estos poemas se deshilachan de sus costuras, superponen sus trazados, o se despliegan como un acordeón roto y sinuoso cuya música sólo podrá ser escuchada en el recorrido marginal del lector hacia los ángulos de la página: basculación de la lectura, que se exige ahora lateral y múltiple, pluralidad simultánea. Parece que Sarduy tratase de sumergir la tradición de la poesía caligramática en la experiencia del alcázar, del palacio árabe. Los poemas del libro (¿mosaicos de un alcázar?) hacen constante mención a Córdoba, antigua capital de los Omeyas y sede del califato independiente, pero también, por cierto, patria de Don Luis de Góngora.

Debemos a Sarduy la transpolación de este recurso pictórico a la literatura. Valdría la pena citar *in extenso* –pues la anamorfosis no entrega su eficacia mediante unos pocos fragmentos– una escena en la que Cocuyo, desorientado, ingresa a una capilla –Cocuyo siempre coge, como San Juan, *por otro camino*– y *ve* lo siguiente:

> Se veían, a través de los cristales y también reflejados en ellos, los cuerpos endebles de los monjes; paños blancos, cordones anudados,

toscas cruces de madera. [...] Y ahora, superpuestos a esos reflejos, Cocuyo veía imágenes sin orden ni concierto, aceleradas, como parece que se ven segundos antes de la muerte, agrandadas, quebradas, retorcidas, canjeados los colores y las formas, convirtiéndose unas en otras, monstruosas, estiradas, helicoidales, áureas:

... en primer plano, ocupando todo el cristal, con los dedos abiertos y el anillo, la mano enguantada que retira las monedas... detrás, piezas frágiles y huyentes, mosaicos vistos bajo el agua, puntos y estrías: los buscanovios teñidos de negro y las manolas... la gaveta del notario que se abre de un tirón... un brillo que se desplaza y gira sobre sus ojos: el péndulo... el perfume de Ada... un tiro al blanco... la cara de una vieja llena de arrugas, garabatos en una cera... el gusto de la *créme de vie*... una mano contra su sexo, grande y rosada, como de goma... el orinal que rueda tinajón abajo... «Lo que llaman escribir», se dijo entonces, «debe ser eso: poder ordenar las cosas y sus reflejos». [...] «Si escribiera», continuó, «podría hacer aparecer y desaparecer las cosas en su espesura, y no como aparecen en el cristal, confundidas con sus reflejos, en un desbarajuste. (Sarduy 1991: 149-150)

Este cristal que hace oscilar los fragmentos de la obra como piezas de un móvil de Calder, este desbarajuste de la visión, que estira y retuerce las imágenes, y las empuja luego hacia los bordes; este cristal, repetimos, es el cristal de la visión anamorfósica. Se trata de la implementación literaria de ese recurso, y la imagen escondida, la que subyace a toda esa distorsión, la imagen mayor que descubrimos al desplazarnos por la página, es, pues, la imagen de la propia novela: su totalización. Como en un aleph, otro instrumento diabólico, Cocuyo ve confundirse, retorcidos y huyentes, todos los accidentes de su vida.

Volvamos al tema de la espiral, figura que parece estructurar la *poética* sarduyana. La figura de la espiral, de la serpiente que se enrosca –una de sus novelas se titula precisamente *Cobra*–, organiza la novelística de Severo Sarduy. La imagen de la espiral aparecerá en varias novelas y ensayos, dibujada por el descenso o ascenso circular de los pájaros (movimientos centrípeto y centrífugo de la novela), o por las incurvaciones de una serpiente que se repliega sobre sí misma –«La serpiente da una voltereta; desenroscada, salta de su caja, da dos vueltas en medio de la pista, se estrecha, se ensancha para recogerse de nuevo, rápida como un silbido se enrosca» (Sarduy: 1962: 123)–. Las incidencias de esta orientación son múltiples y concuerdan estrechamente con la lógica del barroco y, más aún, con la de la posmodernidad.

Si la imagen del río (contradictorio, imprecisable, bruscamente confundido), *traduce* el proyecto poético de José Lezama Lima, según afirma el ensayista y narrador cubano Abel Prieto, la clave compositiva en el caso de Sarduy estará dada por la figura del círculo que, rota su unidad, su fidelidad cerrada, se estira primero hacia la elipse y se rompe luego hacia la espiral...

Del modelo circular

La figura del círculo pertenece a la moral del poder, a la mecánica de la eternidad y la armonía. Desde Aristóteles, el círculo se consolida como el modelo perfecto. Los astros viajan en círculos armoniosos –afirmará el griego–, y el impecable dibujo de ese viaje supone la cancelación del error y el accidente, la perpetuidad de una estabilidad calmosa. San Agustín describe la naturaleza de Dios como un círculo cuyo centro está en todas partes y su circunferencia en ninguna. Todavía en el XIX, Emerson nos recuerda que la naturaleza está llena de figuras cíclicas y circulares, siendo el ojo el primero de los círculos, «the highest emblem in the cipher of the world» (Emerson 1982: 225). Irrefutable, sólida, uniforme, el círculo funge como figura primordial.

La visión del mundo inmediatamente anterior al Barroco estuvo organizada precisamente por el fantasma del círculo. La hegemonía de esta figura tendrá resonancias ideológicas considerables e impactará los discursos urbanísticos, pictóricos, cosmológicos y retóricos. El sistema esférico, con su poder icónico, transpolará su euritmia hacia la planificación urbana: la ciudad justificada por un centro fundacional, punto a partir del cual comenzará a tejer sus coordenadas el cuerpo social (Ángel Rama ha analizado las múltiples repercusiones de esta arquitectura centralizada en el Nuevo Mundo).

La tierra ocupa el centro del universo, sustentada por un acto de fe: el modelo geocéntrico. La idea de claridad y orden va a impactar también a la retórica, que privilegia un decir meridiano privado de mayores desviaciones. (Santo Tomás llegaría a ufanarse de prescindir del regodeo metafórico). Existe todavía confianza entre la identidad de la cosa y el nombre que la designa –rotación sin fricción: la identidad entre estas instancias es redonda y segura; la literatura no se despojaba aún de la presión denotativa y lineal.

Simultáneamente, en la pintura de Rafael, el círculo, como el lecho de Procusto, «organiza toda la composición, obliga a las figuras a insertarse en él, forma emblemática, reflejo único del orden» (Sarduy 1987: 172). La identidad de la voz, de la representación, está cómodamente instalada en su centro. Más allá de esos bordes, las furias del Barroco aguardaban, dispuestas a perforar y a contaminarlo.

El círculo se estira

La subversión que supone el cambio de la teoría geocéntrica a la heliocéntrica y la sustitución de la figura del círculo por la de la elipse propiciará un replanteamiento de los horizontes mentales, una nueva distribución en los lenguajes. Kepler demuestra que el movimiento de los astros no es circular sino elíptico, desacreditando la antigua autoridad del círculo. La nueva figura introducida por Kepler incide profundamente en el esquema operatorio de una mentalidad en ciernes, la del barroco. Se trata de un cambio de episteme.

Aquella confianza en lo circular menguará al calor de la fiebre barroca. El arte se llenará de volutas, hélices, torsiones y distorsiones; la perspectiva va a estirarse, curioso equilibrio: expulsión del centro perturbado. La elipse disuelve el rigor de la unidad y propone la duplicidad de centros. La ciudad se excentra, crece hacia sus bordes, formulando otros centros en las periferias. Todas las confianzas se tambalean. La Iglesia, al ver menoscabado su poder persuasivo ante la Reforma, ripostará con la reformulación de su lenguaje: apremiaba ser más convincentes, copiosos, teatrales. «Los jesuitas fueron motores del espectáculo, del teatro como método propagandístico», «llevaron agua a su molino a través de los gigantescos dramas donde con el precipitarse de 300 demonios al infierno –por una trampa practicada en el escenario– o el volar de no menos cantidad de ángeles, se inauguró la era de la tramoya y el maquinismo que habría de informar todo el teatro y la ópera del período barroco» (Tambascio 1999: 38).

La sintaxis tradicional pierde su poder de conversión. Había que rehacer el relato de la fe: los monumentos se tornarán más garbosos, más sensuales. Las líneas exagerarán los diseños, los efectos no se escatiman. Bajo el peso de su nueva misión, el lenguaje bascula, empeñado en una eficiencia que terminará por postergar al referente, situándolo al final de la abundancia y la voluptuosidad. Las artes registran una mutación en las formas: «Dilatación del contorno y duplicación del centro, o bien, deslizamiento programado del punto de vista, desde su posición frontal, hasta esa lateralidad máxima que permite la constitución real de otra figura regular: anamorfosis» (Sarduy 1987: 184).

Si el Renacimiento estuvo signado por la transparencia y fidelidad del círculo y el primer barroco (siglos XVI y XVII) por el vértigo de la elipse, el neobarroco (estética en la que suele inscribirse a nuestro autor) se fundará en el sacudimiento de la espiral.

INCIDENCIAS DE LA ESPIRAL EN LA ELABORACIÓN NOVELESCA DE SARDUY

Si su cimiento lógico es la espiral, el cuerpo de la novela será un cuerpo flexible que, al volver sobre su eje, instalará en el espacio de la ficción el evento de su fabricación. Se trata del recurso de la especularidad o *mise en abyme*, retroactividad de la novela iniciada por Cervantes (y parodiada por Sarduy) que en este caso se verá aderezada por el movimiento burlón y jaranero de una espiral que, al hacer girar la novela sobre sus principios, socavará la legitimidad del referente convocado para privilegiar las posibilidades de lo apócrifo, de la puerta falsa, de la copia que se rebela contra su origen. «Quizá podría decirse que uno de los hallazgos de la posmodernidad sea señalar el lugar de lo «original» como lugar vacío y el juego de copias (de reproducciones, de repeticiones, de sustituciones) como única realidad» (Bravo 2003: 153). Lejos estamos del gesto fundador del personaje que encuentra, en el hallazgo azaroso de unos folios –fajo madurado en lo fortuito– el motivo de su novela; gesto, por lo demás, demasiado célebre. Desde Cervantes, que encarga la continuidad de su historia a unos folios árabes, la novela no ha dejado de traspasarse, como el testigo en la carrera, el significado de estos folios. De Cervantes hasta Sartre, la alteridad de la ficción, sus fisuras y dobleces, viene siendo sugerida por ese texto que reposa dentro del texto. Pero si, desde Cervantes, el novelista halla la direccionalidad de su obra en el texto encontrado, Severo Sarduy (para asombro de personaje y lector –y para el suyo propio), lo pierde. ¿Qué tipo de jerarquía puede organizar la novela cuando los personajes cambian a capricho los fondos escénicos elaborados por el autor, y son capaces aun de hurtar el texto que se escribe, –que se lee?

Para que esta revolución interior se dé, para que las instancias novelescas se reviertan y se movilicen hacia este abismo novedoso, la fidelidad circular de la representación tiene que haberse roto, los diques de contención del significado tienen que haber cedido, y el centro emisor que distribuye la realidad novelesca, ha de haberse contaminado en la intercomunicación licenciosa de lo factual y lo ficticio. Este tipo de contaminación es referido por los teóricos de la posmodernidad cuando señalan la «supresión de los límites entre los hechos y la ficción. Se trata en definitiva de desmitificar la historia como residencia de lo real y transmitir al lector la sensación de que no hay nada cierto más allá del discurso mismo» (Mandrillo 1997: 134)

Sarduy, el escritor, pierde el texto que está narrando; esos travestis que irrumpen indiscriminadamente en cualquiera de sus novelas, siempre los mismos en su mutabilidad, se apoderan del discurso narrativo para desactivar los mecanismos novelescos y desautorizar o vaciar la fuente, el origen. «Me han robado, esas bandoleras, el relato, para llenármelo de pompones, arcaísmos y mariconerías de novelas pastorales, adjetivos inútiles, sinónimos y antónimos, complicaciones gratuitas y palabras repetidas. Y, como si esto fuera poco (y aquí rompo en un grito pelado), hasta el balance camagüeyano donde estoy sentado se lo han puesto a un viejo chocho, y mi bata de casa, japonesa y bordada a mano, ya verán quién la tiene, y para qué sirve» (Sarduy 1985: 99). Se trata de otra vuelta de la espiral iniciada por Cervantes y retomada por Sterne, en cuyo *Viaje sentimental por Francia e Italia*, publicada en 1767, el hilo ficticio se fuga a ratos de su realidad para entablar un diálogo con el lector y con unos personajes localizables en el más allá de la ficción. «¿Qué queréis, amados compatriotas?», increpará Sterne a sus contemporáneos (Sterne 1997: 14). En Sterne, lo ficticio se desdobla hacia lo real, y ese desbordamiento de las fronteras supone la creación de una audacia inesperada para la ficción y un ejercicio de comunicación asombrosa con el lector, resaltada por Francesc L. Cardona en el prólogo que hace al *Viaje sentimental*: «Fijémonos en lo directo y escalofriante de la mutación para la época en que Sterne escribe», apunta el crítico (Sterne 1997:

14). En Sarduy, lo ficticio se desdobla también hacia lo real, ¡pero sobre todo hacia lo ficticio! Inversión de la inversión, como el transexual en *Cobra*, que, gracias a una segunda intervención quirúrgica, reactiva el origen tachado (reinstalación del pene extirpado) al tiempo que lo denuncia como prescindible y cercenable.

El complejo sistema especular inaugurado en la escena del capítulo LXXII del Quijote, donde Álvaro Tarfe, personaje del Quijote apócrifo *compuesto* por Fernández de Avellaneda, conversa con *el Caballero de la triste figura* «original», va a verse trastocado y potenciado en la novela de Sarduy.

En una de las escenas más entrañables y quizá también una de las más dramáticas en cuanto a estructura narrativa se refiere, vemos entrar en el ámbito acostumbrado de la ficción a un personaje que a todas luces nada tiene que ver con el embrollo de la historia, y que va a ingresar allí para crear una zona dudosa e imprevisible donde lo real, sin perder su condición de real, desdobla la novela y la hace oscilar hasta la perplejidad.

Sarduy, en el papel de sí mismo, pide la intervención de su padre («que como siempre, está haciendo paquetes y preparando una mudada») para que le ayude a superar el dolor padecido en la resaca lupular –el autor ha estado bebiendo mientras escribe–:

–Papá, papá, corre a ponerme hielo debajo de los huevos chico, como le hacías a Sergio, a ver si se me pasa esto.
Mi padre me para en una palangana.
–Habráse visto –masculla.
Y comienza la aplicación granizada entre las verijas. (Sarduy 1985: 98)

Sergio, tío del novelista, se asoma momentáneamente en la ficción –junto al padre– para poner a lo ficticio en un punto de máxima vacilación. Esta irrupción de lo real en el tejido novelesco equivale a ese desnudamiento casi ofensivo del objeto llamado «hiperreal» en la historia de las artes visuales. El objeto hiperreal se propone al espectador como exacerbación de sí mismo, gesto que hará reverberar su familiaridad y que lo transformará en curioso enigma transparente. Si en *Las Olas*, de Virginia Wolf, adivinamos la figura de la autora en la imagen de esa señora que los personajes ven escribir detrás del muro al que se asoman, en la obra de Sarduy el autor va a aparecer representándose a sí mismo, en un gesto parecido al del actor que traiciona el pacto de lo ficticio al perforar los fondos de la escena teatral, o al de ese objeto *pop* que parece decirnos, desde su aséptica ironía: *yo sé quién soy, yo sé quién soy*.

> Pero, ¿dónde está el narrador de este infundio alpestre, de este atorrante arroz con mango?
> Estoy —me mandaron con mi música a otra parte— en bata de casa japonesa, faisanes de oro por todas partes, montado en unos coturnos de dos pisos y echándome fresco con una penca de guano mientras preparo el ajiaco del mediodía y saboreo un lager helado; En mi batilongo espejeante y afaisanado, con una triple papada, yo, mi vida, que era así —levanto el dedo meñique, para ilustrar mi delgadez perdida— [...] Voy pinchando con un palillo, muy fista y sin levantar el dedo unas aceitunas divinas rellenas con almendra, mientras me miro de reojo y con renovado horror en un espejo estilo Imperial ya descascarado y, para consolarme de la buñuelesca imagen —pues con las doraduras de la bata parezco un buñuelo acaramelado—, pontifico sobre el arte de narrar. (Sarduy 1985: 85-86)

Ni Sergio ni el padre aparecerán de nuevo en la historia: su única función ha sido contaminar con su realidad el reino de lo ficticio, recusar la garantía de su funcionamiento.

En este momento lo imaginario se suspende para que ingrese a la escena lo real enlazándose al circuito de lo ficticio, espiral devoradora.

Entonces, como si la novela fuera un juego de escondite, el autor reacciona y, como aquel narrador que alza la cabeza para ver lo que vendrá en el próximo capítulo («Y alzando los ojos, vio lo que se dirá en el siguiente capítulo», Don Quijote de La Mancha, capítulo XXI) apostrofa a su criatura desde el reposo en los brazos de su padre (¿el *autor* del autor?):

> …Y comienza la aplicación granizada entre las verijas.
> Reacciono enseguida:
> –Colibrí, Colibrí, ten cuidado –grito–. No estás donde estás. Las hojas…
> –¿Las hojas? –me pregunta, completamente alejado–. ¿Se las volvió a llevar la ventolera? Hay que numerarlas con cuidado.
> ¿Cómo no se ha dado cuenta? ¿Cómo ha podido creer que ese decorado vacío, sin espesor ni soporte, era la realidad? ¿Cómo ha dejado pasar, sin despertarse, las garrafales chapucerías de los esbirros coreógrafos: el visible tatuaje del cabrero, los tropicales bejucos en el puente, la indigente pintura del lago, el exceso de helechos, y sobre todo lo picúo de ese paisaje alpestre? (Sarduy 1985: 98)

Colibrí no descubre los pliegues de lo ficticio porque carece de conciencia novelesca. Él representa los valores de la literatura mimética y de la visión circular. Es, tal vez, el único que, como un Quijote, confía en los decorados sin espesor y en la parafernalia literaria, esa «indigente pintura» con que Sarduy rellena los espacios de la representación. Pero esa exagerada artificialidad, es, según Roberto González Echevarría (1987: 173), más que una crítica, una agresión a la estabilidad narrativa, «una manera de separar el lenguaje de lo que reprime su origen artificial, de lo que lo encubre. […] Lo fingido agrede las leyes de la mímesis, las saca a la superficie». En un acceso mimético, Colibrí «lee» la novela con la fe poética que pedía Coleridge, con aquella *suspensión momentánea del descreimiento*. Colibrí *duerme* un sueño seguro, circular. Lo opuesto a esa credulidad, será el llamado por el dramaturgo Bertold Brecht «efecto de distanciamiento» o *Verfremdung*: un estilo de actuación en que el espectador nunca olvida que lo que observa es ilusorio, interrumpiéndose de este modo todo proceso identitario, mimético, alienante. En la novela, esto equivale a saber que todo está hecho con espejos, para decirlo con Cabrera Infante; a descubrir que los adjetivos, los escenarios, los movimientos del tiempo y el espacio, el ritmo de la prosa, están enlazados para conferirle estabilidad y confianza a un mundo falso, la novela, cuya frágil vigencia puede deshacerse en cualquier momento, si una ventolera, un viento levógiro, disuelve la historia que se narra.

Copia y origen

El desmontaje de la novela y la crítica a sus mecanismos articuladores producirán aún otra resonancia significativa. Esa deslectura de lo literario que representa Sarduy va a manifestarse en una inversión audaz de los fundamentos de la literatura latinoamericana. Si Alejo Carpentier, uno de sus maestros, se quejaba de que

> En América Latina, el entusiasmo por las cosas de Europa ha dado origen a cierto espíritu de imitación, que ha tenido la deplorable consecuencia de retrasar en muchos lustros nuestras expresiones vernáculas [...] Durante el siglo XIX, hemos pasado, con quince o veinte años de retraso, por todas las fiebres nacidas en el viejo continente: romanticismo, parnasianismo, simbolismo... Rubén Darío comenzó por ser el hijo espiritual de Verlaine, como Herrera y Reissig lo fue de Théodore de Banvillee... Hemos soñado con Versailles y el Trianon, con marquesas y abates. (Carpentier 1981: 55-56)

Severo Sarduy va a cuestionar profundamente esta sed de origen y de rostro vernáculo para producir en el lugar de esa sed, la escena del error y del vacío. Mientras los escritores del *boom* –como quería

Carpentier–, consideraban entre sus supuestos el de la búsqueda de lo latinoamericano, el problema de la expresión americana, («traducir América» pedirá el maestro), Sarduy va a significar la concreción narrativa que demuestra que nuestro origen se funda precisamente en la confusión y el error, en un malentendido, consecuencia de una lectura falaz y una desconcertante imbricación de imaginarios.

Las novelas del *boom*, según el crítico cubano González Echevarría, «aun las más audaces, contenían un metadiscurso crítico, literario, político o cultural»; «*Rayuela* está marcada por el gran tema de la literatura hispanoamericana moderna: la búsqueda de identidad cultural, y la definición de la cultura hispanoamericana. Oliveira busca su identidad como argentino»…, etcétera (González Echevarría 1987: 250-251). Sarduy, por el contrario, anuncia el fin de las ontologías, de las identidades, y no olvida en ningún momento que Colón, gracias a su equivocada lectura del mundo, inaugura nuestra dispersión y extravío culturales al confundir la India con América, al ver en Cuba a Cipango, insertando de esta manera un texto oriental dentro de la *ficción* que es América.

Los «indios», por su parte, no leen con mayor agudeza que el almirante, y según ellos, eso que viene llegando son casas sobre el mar habitadas por dioses. Ese encuentro brutal se convertirá luego en un incesante palimpsesto que va a sumar, junto a lo «indio» y lo hispánico, lo africano y lo asiático, en el caso de Cuba. La novela de Sarduy, cinco siglos después, pretenderá descubrir el trazado de esa intrincada textura que se inicia en aquella confusión primordial.

Nuestro autor va a insistir precisamente en aquellos modelos que según Carpentier postergan la recuperación del origen (el sueño «con Versailles y el Trianon, con marquesas y abates», el «espíritu de imitación», etcétera) porque ve en ellos: 1. la continuidad de una tradición que empieza con la superposición de realidades que distingue el proceso de formación del continente americano y, 2. la posibilidad de una subversión al cuadrado. Si la novela del *Boom* pretende rastrear las trazas de una identidad original o propia, Sarduy se encargará de tacharla y cuestionarla en un proceso de ocultamiento que, curiosamente, revela el (otro) rostro del origen (en su impureza y vacuidad).

Una viñeta autobiográfica de *La Simulación* relata una escena carnavalesca que ilumina con perturbadora claridad el proceso de tachadura del origen, o de recuperación del error «original». «Es tarde y quizás ha llovido. Se nos ocurre, con mi padre, disfrazarnos». El padre se *afantasma* velándose bajo una sábana y Severo se cala «los atuendos más relumbrones de una gaveta maternal heredada». «Cuando salgo a la calle, trastabillando como sobre zancos, mi padre cierra la puerta de un tirón y grita: «¡Allá va eso!»». Más tarde, al regreso del carnaval provinciano, confiesa:

> Ahora me río como una loca, sacudido más bien por espasmos pilóricos: y es que en lugar de gallinas culecas, ramas de guásima, chivos y conejos, me veo en un decorado regio, muebles negros laqueados, de ángulos rectos y muy bajos, tapices con círculos blancos, columnas de espejos fragmentados. Sobre las mesas obscuras, ramos de oro, en delgados búcaros japoneses; biombos y cojines turcos, malvas y plateados. (Sarduy 1982: 10)

Doble ocultamiento del origen, por una parte, el paterno, desvanecido en la irrealidad afantasmada y, por otra, el del contexto, producto de un deslizamiento simbólico-geográfico. El narrador, embriagado en la agresiva plenitud del paisaje, se ve, como Colón, llegando a Oriente. No reconoce las ramas de guásima, los chivos y conejos; ante él, se levanta más bien una imaginación oriental, que reproduce, en el fondo, la del error inicial. Pero González Echevarría tiene mucho más que decir al respecto:

> Es época de carnaval. Sarduy y su padre se disfrazan. El padre, envuelto en una sábana, se viste de fantasma, el niño de mujer. La pareja no podía ser más sugestiva. Al vestirse de mujer el niño cancela

su parecido con el padre, lo tacha de la manera más subversiva posible en el ámbito hispanoamericano. El padre, a su vez, se ha transformado en imagen de la muerte. […] La burla carnavalesca revela un estrato profundo de la cultura en el acto de encubrirse, y que está reñido con la ideología oficial. El disimulo, el disfraz, hace irrumpir –paradójicamente– la verdad, o por lo menos su simulacro. (González Echevarría 1987: 217-218)

Si Rulfo elabora el relato de la búsqueda del padre («Vine a Comala porque me dijeron que acá vivía mi padre, un tal Pedro Páramo»), Sarduy invertirá ese relato ocultando la figura genitora.

Disfraz, plagio, simulacro: insistencias sarduyanas. *Fingir es conocerse*, ha podido repetir con Pessoa, poeta que también buscó, como aquellos portugueses navegantes, «un Oriente al oriente del Oriente» (Pessoa 1987: 11); búsqueda alucinada y narcótica, «por jardines de flores vaporosas», del origen contaminado.

Así las cosas, la aparición de la metáfora budista no parecerá entonces menos que lógica en este orden de cosas barroco. El yo es un estado momentáneo del ser, una ilusión que debe expulsarse si se quiere alcanzar el nirvana, enseña el budismo. Expulsar la identidad es también vaciar el origen, disolver la unidad, gestos consustanciales al pesimismo que manifiesta el barroco ante la fugacidad de la vida. Para el barroco y el budismo, el yo es una entidad accesoria o inútil, frágil y fugaz. Ambos, budismo y barroco, introducen el cuestionamiento de lo real, la recusación del yo, de su unidad, y llegan a negar, por lo que dura un pestañeo, la realidad de la existencia. Según Sarduy, el lenguaje barroco: «código autónomo y tautológico, no admite en su densa red, *cargada*, la posibilidad de un *yo* generador, de un referente individual, centrado, que se exprese –el barroco funciona al vacío– que oriente o detenga la crecida de signos» (Sarduy 1987: 175).

Por este camino de negaciones y expulsiones, se abrirá el paréntesis de lo expulsado, donde se insertarán luego otras versiones de lo depuesto; significativa será la metáfora de lo fecal, del estrato inferior del cuerpo, de los pies y, específicamente, del ano.

El ano, zona obturada, adoptará un lugar simbólico preponderante: significará la instauración de un nuevo *omphallos*, el desplazamiento del ombligo hacia ese punto oscuro del cuerpo, tal vez como otra metáfora del origen contaminado.

En el fondo, la escritura de Sarduy tal vez sea una lectura árabe de Occidente, es decir, una lectura al revés, hacia la izquierda –lectura *siniestra* de la tradición– o de arriba a abajo –lectura invertida–; subterránea, azarosa, desmitificadora; una des-lectura, cuestionamiento de los paradigmas.

Cervantes nos dice que el manuscrito original del Quijote está en árabe y que ha sido escrito por el moro Cide Hamete Benengueli. Así se instala, en el corazón de nuestra modernidad literaria, ese lugar simbólico que es Oriente. A partir de entonces, en la literatura hispanoamericana se inoculará el germen de la escritura como traducción y corrección de un modelo, conversión y enderezamiento de una sintaxis bárbara, reescritura y palimpsesto (de Cervantes a Darío, de Borges a Meneses o Puig…).

A este tipo de proceso aludirá Harold Bloom cuando conciba el concepto denominado *misreading*, noción de la escritura como lectura correctiva (o malentendido creativo). Al estudiar la pretendida originalidad de los poetas ingleses, Bloom desnuda los nexos que se establecen entre ellos. Desde esa perspectiva, *Worthsword corrige a Keats que corrige a Blake que corrige a Milton, que corrige a la Biblia*: ¡continuidad espiralada!). Sarduy hará de esa corrección –traducción y traición– un procedimiento consciente. Simula, pero sabe que simula. Copia, pero para deformar. Legitima una tradición para socavarla. *De donde son los cantantes* «reivindica la tradición literaria y cultural también para minarla, en lo que constituye un escarnio y a la vez una celebración», ha dicho González Echevarría (1987: 47). Mediante la técnica del collage, extrae signos de fuentes textuales reconocibles, para proyectarlos luego hacia un nuevo ordenamiento de significación. He aquí el *ars combinatoria* del collage, que consiste, repitámoslo, en «dar un sentido nuevo a lo preexistente. Manipular críticamente el estado de las formas establecidas y de las ideas recibidas, con el objeto de hacerlas decir lo todavía *no dicho* que hay –y habrá siempre– en ellas» (de la Flor 1997: 36).

Lugares de transformación

Las metáforas más insistentes de Severo Sarduy van a materializarse en lugares que suscitan o contienen los signos de la transformación. El quirófano, la iglesia, el cuerpo, el teatro, el patio de la casa colonial, son lugares que reúnen en su interior las condiciones que suscitan el traspaso, el tránsito y el cambio de uno a otro estado: escenarios de la metamorfosis constante que anima el corazón de su estética.

En el escenario del patio de las viejas casonas coloniales, «vastas y silenciosas», nuestro autor va a encontrar el momento preciso para insertarse –para leer– en la tradición literaria de su país, al mismo tiempo que para formular algunas de sus metáforas más características.

(Recordemos que Sarduy nace en los años treinta en la provincia de una isla del Caribe, Cuba, última colonia americana en emanciparse del yugo español; y que esa doble condición de provincialidad e insularidad son seguramente las mejores garantías de conservación de aquel ambiente colonial).

Lo primero que vamos a encontrar en estos escenarios interiores será la flora y la fauna de América, ese abecedario botánico que tiñe e invade enérgicamente la poética del continente desde el descubrimiento hasta la novela naturalista o telúrica, e incluso hasta los umbrales del *Boom*. De Colón a Humboldt, de Gallegos a García Márquez, Lezama o Carpentier…

En Sarduy esta flora y fauna no van a ser leídas en función de la americanidad, como articulación de algún proceso identitario o nacional, como recuperación de lo autóctono. La aparición de la flora y de la fauna en Sarduy va a exigir, en un segundo tiempo, una lectura de ribetes eróticos e incluso ontológicos, en tanto la elocuencia de lo vegetal y lo animal (los reptiles milenarios del patio, los tallos chorreantes) sugerirán la morbidez de la siesta caribeña, la sensualidad de la cornucopia barroca, el fasto de una naturaleza muerta, el aire esotérico de los cocimientos brujos... o los latidos del *illo tempore:* ebriedad láctea y tropical. «Orquídeas negras adheridas goteaban por los pistilos una leche gomosa y blanca» (Sarduy 1978: 88). «El rumor del Caribe, el olor dulzón de la guayaba, la sombra morada del jacarandá, el manchón rojizo, sombreando la siesta, de un flamboyán» (Sarduy 2000: 56).

Dos de sus personajes importantes aparecen en varias novelas portando nombres de animales, lo que acentúa la veta zoofílica, la reverberación botánica de su novelística. Caimán, por ejemplo, que practica el oficio de fitopráctico, es decir, de yerbero, figura ambigua que oscila entre el alquimista (o brujo) de la Edad Media y el «médico» yoruba que prescribe ungüentos según la ancestral sabiduría africana. En *Cocuyo*, Caimán, enjuto y oliváceo, aparecerá bajo los rasgos del alquimista medieval que persigue «la pureza primigenia, o la imprevisible multiplicidad del mundo, con la mirada estrábica de quien sigue los meandros que traza en su vuelo una mariposa con alas mojadas», en medio de su quincallería clínica. Junto con Isidro, personaje que mercadea y atesora cadáveres para sus clases privadas de disección, Caimán formará una llave sádica y perversa, y ambos darán un tono perturbador a la novela en tanto que estos personajes provienen de una oscura ilegalidad y representan el saber que Occidente ha tratado siempre de expulsar de sus academias. Además de *galeno vegetal*, a Caimán lo rodea siempre un aura de monstruosidad, no sólo por la ambigüedad de su apariencia y de su nombre –toda hibridez, toda ambigüedad entre lo humano y lo animal es monstruosa–, sino por su crueldad, onanismo y fiereza inquisitorial. Caimán acosará al joven Cocuyo con la morbidez del sacerdote pederasta, con pasión inquisidora. Al igual que Cocuyo, sin embargo, Caimán es un masturbador que conserva todavía las trazas de monstruosidad que tenía esta figura en los imaginarios del siglo XVIII y XIX. En este periodo, nos dice Foucault, la masturbación era vista como un vicio inscrito dentro de la psicopatología sexual. Su práctica podía conducir a las más curiosas deformaciones, a las más variopintas enfermedades e incluso a la muerte. En un texto de 1812, un médico que visita un hospicio de niños parisiense, confiesa: «Lo más terrible y frecuente que vi como consecuencia de ese vicio son las nudosidades de la columna» (Foucault 2000: 229). Cabe entonces preguntarse: el lomo del caimán, ¿no está dibujado por esas ásperas nudosidades?

«Temprano en la mañana, y como reverso higiénico a sus peregrinaciones rurales», Caimán, el *galeno vegetal,* se masturbaba «hojeando una revista francesa de cuerpos desnudos y leyendas breves» (Sarduy 1980: 35), escena donde se identifica, como reversos mutuos, lo sexual y lo vegetal.

En la novela de Sarduy se destacará esta filiación entre semen y leche vegetal, aproximando las actividades del reino vegetal con lo escatológico y lo sexual.

La veta botánica de esta narrativa parece provenir de aquel momento en que, en terrenos de la medicina, la ciencia y la mitología mantenían aún un intenso diálogo. En el capítulo que Daniel J. Boorstin le dedica a Paracelso (1493-1541) –a quien Occidente mitificó mediante sospechas, prejuicios y leyendas, y que parece alimentar una faceta de Caimán–, señala el tiempo en que la botánica era una materia corriente del plan de estudios de medicina. «El reino vegetal pasó a ser el reino de los remedios. Mitos de todas las procedencias –Egipto, Sumeria, China y Grecia– explicaban que las hierbas estaban hechas de la carne de los dioses y que los mismos dioses habían instruido a los hombres sobre su uso» (Boorstin 1997: 357).

La novela de Sarduy parece recuperar y liberar la enorme energía de la historia depositada en esos imaginarios secretos y reprobados por la moral occidental. Sus personajes dan la impresión de levantarse a contraluz de ciertas figuras y modelos arquetipales. El significado y la estructura de un texto literario, vale la pena recordarlo ahora, es percibida «por su relación con modelos-arquetipos con los que se mantienen relaciones de realización, de transformación o trasgresión». (Ulloa 1989: 100).

El caudal icónico y arquetipal esparcido en estas novelas, lo encontramos también en los herbarios bellamente ilustrados que circularon durante la Edad Media. Dichos herbarios recogen, hundiéndose en el más remoto subsuelo psíquico, la imaginación médica que alquimistas, brujos o médicos, según se les llame, lograron acumular.

El herbario atractivamente ilustrado de la Edad Media, el álbum zoológico decimonónico y la *Historia Telluris* de naturalistas como Humboldt (y junto a ellos, no lo olvidemos, la zoología fantástica de los Conquistadores, los cromos edulcorados del almanaque comercial, las ilustraciones del libro escolar o las estampitas religiosas), conforman el vasto campo de referencias que alimenta la imaginación sarduyana, no precisamente por la verdad científica que recopilan esos textos sino, al contrario, por el carácter extravagante y curioso de las figuras allí representadas. La historia de la ciencia y la imaginación conoce estos catálogos de seres (¿imaginarios?) que nadie más que los valientes exploradores que los describen parecen reconocer. Borges, en *El libro de los seres imaginarios*, recorre la historia de esos seres improbables cuya diversidad ha sido reseñada en algún bestiario chino o anglosajón, en los textos de Plinio, Herodoto o Humboldt. Borges, que vio en la teología una rama de la ciencia-ficción, nos advierte que ese catálogo natural pertenece más a la ficción que a la observación científica.

Un personaje de *Maitreya* ejecuta un mural «con ínfulas hiperrealistas y densas alegorías rurales», una frondosa *summa* botánica: «A lo largo de los muros y de los días, había distribuido, en su furia folklórica, sin respetar repelencias y con su fondo propio, todo lo que pudo copiar en un *Álbum de Oro Zoológico* que terminara en *cubensis*» (Sarduy 1978: 99-100). En un ensayo autobiográfico, Sarduy confiesa una vieja pasión: «de niño, coleccioné con ahínco las minuciosas postalitas del *Álbum de Oro Zoológico*, en que aparecían seres tan improbables como el tato, el colibrí, volador fijo, el oso hormiguero o el ave-lira. Esas vistosas cuatricomías, con el olor fresco y dulzón de los caramelos, fueron mi primer acceso a la ficción. A esa que aún hoy fatigo: la que aparece como un "efecto" de lo real» (Sarduy 1997: 8). La breve biografía preparada por la hermana del escritor corrobora esta afición. Lo interesante es que Góngora y Lezama también la tuvieron.

La imaginación poética de sus dos maestros se alimentó también de las láminas o grabados de manuales de historia, enciclopedias, libros de arte ilustrados o textos escolares de zoología. El propio Lezama Lima, en un ensayo sobre la obra pictórica de Van Eyck y Simone de Martini, apuntaba lo siguiente: «en todas esas láminas ejemplares hemos extraído presencias naturales y datos de cultura que actúan como personajes, que participan como metáforas» (Lezama Lima 1988: 215). Juan Goytisolo, en un estudio sobre la metáfora erótica en Góngora, Joaquín Belda y Lezama, concluirá que los símiles eróticos que emplea el cubano en su novela *Paradiso*, «abrazan en general el mismo radio de acción que sus restantes figuras –el de los manuales ilustrados de historia, geografía, pintura o ciencias naturales que marcaron con su impronta la imaginación omnívora del joven Lezama» (Goytisolo 1976: 166).

Esta historia natural de los manuales, cuyas ilustraciones son un «efecto» de lo real, será removida por los intereses narrativos sarduyanos.

Los íconos del *Álbum de Oro Zoológico* que asombraban al joven Sarduy, esas láminas del manual de ciencias naturales —proveedoras de personajes y metáforas—, ingresarán a la novela por derecho propio: la fascinación y extrañeza de los seres allí representados los sitúa en las antípodas de todo realismo, haciendo que los catálogos naturales oscilen entre la ciencia y la ficción, entre la empiria y el mito.

Sarduy va a descomprimir y a descomprometer la energía icónica de estas ilustraciones naturales, relevándolos de sus respectivas responsabilidades científicas, para barajarlas en un juego novelesco que pretende incluir todas las fracturas posibles de la realidad, todos los momentos en que ésta se descalabró junto a la plataforma ideológica que la sostenía. En otras palabras, se trata de una puesta en crisis del acervo imaginario con que el hombre ha querido definir lo real.

El patio

La mancha rojiza o morada que se esparce por la escena del patio es una imagen de honda raigambre insular. Martí, Lezama, Cintio Vitier o Eliseo Diego, por ejemplo, aludieron a esa sensación pastosa, inventando para la poesía cubana un clima que no se enunciará por la temperatura sino por la intermediación del color: un clima cromático.

Si Martí repite esta sensación mientras escribe «a la sombra de un plátano pomposo» (Martí 1990: 28), Lezama lo hará, en *El patio morado*, al realizar el relato mítico de los animales primigenios y del clima cromático que caracterizan, según estas evidencias, la poética insular: «Las paredes de aquel patio parecían intentar asimilar cada una de las lagartijas que manchaban su epidermis; gigantescos sumandos de colas de lagartijas habían depositado un blando tegumento parecido al sudor de los caballos» (Lezama Lima 1977: 45); «A esa hora la luz luchando con la humedad lograba una matización violeta, morado marino, sumando por partes desiguales una figuración plástica que le provocaría un sueño glorioso a un primitivo» (Lezama Lima 1977: 48). Eliseo Diego, por su parte, nos hablará de sombras fragantes en el patio familiar donde «los niños juegan en las salas del polvo / suaves moviendo el torpe sueño de las cosas» (Diego 1983: 70). Así, el patio será el ámbito del cruce temporal que conserva, en su hábitat, la diversidad de sus estratos, cuyo clima, señalado por la movilidad del color, provoca una sensación erótica y prenatal, gomosa y seminal, *marina y envolventemente vegetal*.

Pero el patio también será el escenario para el ejercicio de otro recurso fundamental: la parodia. En este segundo momento, el patio funcionará como escenario para el repaso irónico de la tradición cultural hispanoamericana. Si el patio atesora los rastros arcaicos de lo americano, también conservará el testimonio de nuestra dependencia cultural con España, de nuestra ingenua imitación *naif*, valga la redundancia. El patio será entonces el ámbito de las organzas y de los sombrerones bordados a lo Cecilia Valdés, espesor simulado; de la truculencia y de los fastos de antaño, de las sombras ligeras y los visajes; un *pathos* finisecular y rococó, un *Art Nouveau* decadente y un romanticismo tuberculoso, un vestuario a lo Flaubert.

Es en el patio donde «se oye *El caballero de la Rosa*, que abre las páginas de la *Novela del Aire*, para hacer vivir a ustedes la ilusión y el romance de un nuevo capítulo» (Sarduy 1985: 86). «Mi padre (viene desaforado, corriendo a lo largo del pasillo encalado, en traje de dril cien y jipi-japa, un botón de rosa en el ojal y zapatos de puntera blanca):

—¡Válgame Dios! —me lanza al llegar al patio de los tinajones, frente al doméstico escenario donde [...], a la sombra de una guásima, y mientras escucho los dobles herrumbrosos de Santa Ana, mezclados al tema radial del *Folletín Hiel de Vaca Palmolive* y a la *Amorosa Guajira*»..., etcétera (114). En fin, todo aquello que Alejo Carpentier sancionaba, ese acervo de imágenes recibidas del siglo xix que, según Fernando R. de la Flor (1997: 47), son «mitología burguesa en estado puro»; «discurso ideológico de matiz pacificador que busca edulcorar y disimular realidades que bien pueden ser atroces. Son propiamente fantasmagorías que utopizan por ocultación las realidades históricas» y que en Sarduy encontrarán un momento de irrisoria celebración. En el fondo, la obra de Sarduy parece afirmar –es quizá su más honda preocupación–, la conclusión a que Jean Baudrillard llegaría más tarde: la realidad «es un concepto de una delgadez espectral» o bien «la realidad del mundo es una hipótesis tranquilizadora» (Baudrillard 1997: 69). Sarduy se nutrirá gozosamente de este derrumbe de las ilusiones para realizar sobre tales ruinas su ejercicio paródico e hilarante.

El patio servirá entonces para repasar, por un lado, el vocabulario lechoso del caos primordial y para sugerir la magia de los herbarios medievales, como antes señalábamos; y por otra, para instalar el decorado de los tiempos idos, la metáfora de lo que muere, la imagen vaporosa de la moda colonial, cuya caducidad funda la ocasión para la parodia cultural y el *kitsch* del futuro.

El Cuerpo

Pero lo que muere es sobre todo el cuerpo, y éste se representará, como la suntuosidad de aquél fondo, lleno y frondoso. Envuelta en una parafernalia exagerada y cursi, en el lamé plateado o en ese vestuario a lo Flaubert que anota en su diario personal la Sra. Mercedes, madre de Sarduy, la carne resplandecerá en un contraste que parece hacerla decir: *soy mortal, voy a morir*. Mientras más ornado el cuerpo, más fúnebre; mientras más lleno, más anuncia su fin. Todo, la violencia de los afeites, la apretada decoración de los rostros, el edulcorado volumen capilar, nos habla con el lenguaje mohoso de las fotografías en sepia, y nos revela, como esas viejas fotos familiares, la sobrecogedora certeza de la inexorabilidad temporal. Ya lo decía Celine: «Un hombre, pariente o no, no es al fin de cuentas más que podredumbre en suspenso».

Un *pathos* finisecular, romántico y decadente, será segregado por la caducidad de esos vestuarios coloniales. Y lo que late al fondo es, repetimos, el cuerpo, su mortalidad.

Si la obra de Sarduy insiste en el repertorio ornamental del cuerpo es para señalar que, bajo esos atavíos, se encuentra el lugar privilegiado de la muerte, del goce y dolor eróticos, de la mutación y la ceremonia.

En una carta, su madre (Mercedes Aguilar) le escribe:

> El día que conocí a tu papá (1932) recuerdo yo iba vestida con un traje que me gustaba mucho, de organza azul y una pamela blanca, o sombrero, que por esa época se usaban mucho, y mis zapatos crema muy lindos por cierto. Tu papá vestía de un traje gris, y como es natural de época, su sombrero de pajilla y un bastón que en aquellos tiempos era la elegancia, no traía su flor en el ojal, pero sí su bigote fino, creo que en tu niñez debes de acordarte, su traje de dril blanco 100 y su flor en el ojal. (Aa.Vv. 1976: 6)

El aire póstumo de este recuerdo es inobjetable, en él relucen los rasgos de lo extinto, la pomposidad de la muerte (a la tumba también se iba con una flor en el ojal). Recuperados por Sarduy a la distancia, esa parafernalia finisecular va a comunicar con lo obsoleto y lo fúnebre, con lo caduco y lo *kitsch*. La Enanota que aparece en *Cobra* «en tacones, coloreteada con violencia, la boca restallando color frambuesa» y que «iba blindada de tafetán rojo, barrigona y densa» (Sarduy 1985: 45), no deja de significar que su presencia es un jugoso aperitivo para la muerte; y el tafetán rojo que la amortaja en su estridente voluptuosidad, un blindaje de féretro. Así se explicita el vínculo que comunica profundamente al *kitsch* con lo funéreo. Etimológicamente, el *kitsch* está relacionado con el desperdicio y la basura. El cadáver, con lo caído y descompuesto.

La ornamentación corporal tendrá en la obra de Sarduy un brillo mórbido, una suntuosidad crepuscular o sanguínea, y en otros casos sádica o religiosa. El marco de esta ornamentación corporal será el escenario amanerado y falso, vacío y sin espesor, donde el decorado, como un set hollywoodense de los cincuenta, no oculta su vergonzosa inocencia apócrifa, su inactualidad. La vulnerabilidad del decorado se corresponde en otro nivel con la vulneración de los fundamentos de la representación novelesca, pero también, con la brutalidad con que son descontextualizados los productos culturales (la radionovela, el cómic, la moda, el discurso electoral, el bolero), en un sistema novelesco que tiende hacia la desjerarquización insólita de todos sus niveles y componentes. Con el gesto paródico y burlón del Duchamp que insertó en el circuito del gran arte un urinario impecable, Sarduy va a introducir también lo aparentemente extraño a la novela, de ahí que en el tejido de su discurso ficcional encontremos imbricadas las hebras del discurso publicitario, de la radionovela o de la música popular, el grosero testimonio biográfico o el comentario literario; discursos que, en vez de mitigarse en su ingreso a la ficción, destacan sus perfiles extranjeros en lo que claramente se presenta como una invasión irrespetuosa a la novela. Ésta se tambalea y se abre al bullicio de lo real, a las menudencias accidentales de la biografía, al registro de lo personal, todo lo cual se desliza sin pudor en el momento más inesperado de la ficción, puesto que la perspectiva y la jerarquización novelesca se han vulnerado. (Si en una obra suya suena el teléfono, en la habitación donde escribe también ha sonado, confiesa el autor en una videoentrevista).

Esta dinámica carnavalesca va a inscribir, en la superficie de sus novelas, la irrisión que provoca la irrupción de lo incongruente, el deslizamiento irreverente de los objetos falsos. Cuando Alejandro Rossi piensa «en la variedad enorme de objetos falsos que pueblan nuestro mundo cotidiano, un mundo que se construye como una réplica sistemática, un reflejo, una fantasmagoría» (1987: 74), pareciera estar dando la clave de la dinámica de los objetos que desarrolla la estética sarduyana. Y cuando describe esas «plantas excesivamente gomosas, elásticas, con las hojas gruesas y mal dibujadas, esos vegetales de plástico que no respiran, no se secan, apenas recogen polvo», está, sin pretenderlo, apuntando las coordenadas de los espacios vulnerables que Sarduy construye sin pudor como telón de fondo, espacio donde se asoma lo impermanente, lo falso y lo vacío[1]. Rossi también aludirá al proceso de carnavalización que hemos señalado cuando hable de la «universalización espúrea» que fomenta el objeto falso. Pero si el escritor mexicano repudia ese mundo paralelo e inauténtico «que nos va cercando y cuyo destino preveo que es la imitación progresiva de sí mismo hasta llegar al fantasma absoluto» (1987: 75), Sarduy funda su más ambiciosa aspiración precisamente en ese juego de reflejos paródicos (trampantojo o *trompe-l'œil*) que afantasma la seguridad tanto de lo real como de lo ficticio, denunciando la serie de presupuestos probables en que se funda lo primero y los mecanismos de construcción en que se funda lo segundo.

Su novela no imitará lo real sino que se imitará a sí misma, y pondrá de manifiesto, mediante el acopio de lo falso, la insustancialidad de lo real.

Por este camino nos encontramos *de lleno* con la presencia del objeto *kitsch*, objeto que nos entrega una versión prolija pero desfasada de la realidad. La imprudente ilusoriedad de este objeto gana su justa eficacia precisamente cuando el sistema ideológico que lo sustenta se revela como sistema de simulación, es decir, a partir del desmoronamiento de la fe y del vencimiento del pacto mimético. Para ese entonces, madurará en el objeto el signo de la caducidad. Abandonado en la orilla de lo real por la resaca desmitificadora del

---

[1] «Era un pasillo ancho, o más bien una galería repleta de palmas plásticas de un glauco tropical siempre brillante con lágrimas de sereno y hasta abejones irisados zumbantes» (Sarduy 1978: 145); «Un castillo bávaro, con amagos disneylándicos, se recortaba ante el bar; vetas relumbronas de papel dorado, que confundían a los patos, espejeaba un río vasto y lento. Por las rendijas de los cartones empatados la copia verosímil dejaba adivinar su volumen» (Sarduy 1978: 149).

pensamiento crítico, el objeto *kitsch* regresará a la escena artística con la carga nítida de su obsolescencia para rememorar, con ironía, los tiempos de la superstición o la inocencia. La mecánica parodiadora de la implementación *kitsch* tendrá por ello múltiples resonancias dentro de la estética sarduyana, y se emparentará prontamente con la lógica del fetiche y del objeto falso, de los instrumentos de castigo o adoración, con el arte Pop y el collage, etcétera.

Comencemos por decir que la obra de nuestro autor quiere inscribirse sin ambages en la sensibilidad de la era post-industrial, del mercantilismo rampante o época de la reproductibilidad –como diría Walter Benjamin–, que es la época de entronizamiento del objeto falso y de los mundos paralelos e inauténticos repudiados por Rossi, donde lo ontológico y lo religioso exhalan su último estertor. El arte Pop es el resultado de la saturación o sobreinformación del mundo moderno, una respuesta irónica al agotamiento del arte desplazado por lo mercantil, paródica iconoclastia perpetrada desde el ícono mismo. Por su parte, el movimiento hippie parece haber sido la última inocencia del Occidente industrializado –anárquica mirada hacia Oriente. Sarduy va a novelar esta mirada imposible y aquella corrosiva iconoclastia que se extiende desde el primer barroco hasta la posmodernidad, pasando por la irreverencia desconstructiva de Duchamp y Andy Warhol, y que busca hacer resplandecer el vacío del mundo en todo su resplandor artificial. «Hay que teatralizar la inutilidad de todo», dirá uno de sus personajes.

Esta subversión de la realidad pasa necesariamente por el desmantelamiento de los mecanismos miméticos del arte convencional, ese que parasitariamente «reflejaba» el ritmo de lo real. Antimimético, el arte de Sarduy va a instalar una estructura falsa como centro de la representación novelesca. De ahí el incierto decorado cartón piedra de sus paisajes, de ahí la reunión insólita de estéticas y edades dispares: un collage donde dialoga el barroco con la electrónica, lo arábigoandaluz con lo Pop, el discurso literario con la publicidad o la parapsicología, quizás «para resaltar la incongruencia de todo» (Sarduy 1978: 71). Según Ulloa, Sarduy escribe para lectores del futuro sobre el momento actual, e «integra irrisoriamente en fragmentos la epistemología del siglo xx» (Ulloa 1989: 107). Un collage desquiciado que revela, al confrontar las hipótesis de lo real, las grietas del sentido, cuestionado por esa pulsión impugnadora y paródica que caracterizan su escritura. Víctor Bravo, refiriéndose a la visión paródica del mundo, señala que ésta «pone en evidencia inesperados pliegues y vertientes donde no es la certeza sino la incertidumbre y la incongruencia, no el reconocimiento sino el sinsentido lo que quiere brotar como lo indominable y el vértigo que siempre, por más que lo ignoremos, nos acosan» (Bravo 1997: 9).

Si Carpentier manifiesta su coherente americanidad en la capacidad que tiene de repertoriar los árboles del patio nacional, la visión paródica de Sarduy va a llevar a escena una selva de celuloide confitada, un minucioso *tropical look*, con el fin de saturar la novela de artificialidad. Así, como en una pieza de Escher, el mundo en Sarduy parecerá convertirse siempre en su doble.

En ese regreso sin inocencia a la novela naturalista –o novela de la selva– sudamericana que es *Colibrí*, Sarduy se interna, como Gallegos o José Eustasio Rivera, en los espesores forestales americanos, pero con el propósito de poner entre comillas la estabilidad del género, instalando en su seno la simulación del referente por su doble, agrietando así hasta el delirio la carga tradicional de los signos heredados.

En el bosque artificioso de Sarduy, «las lianas son de poliéster y el bosque una decoración armada en el estudio». Gesto que el propio autor interpretaría como «un retorno proterve al país natal» (Sarduy 2000: 18), y que inserta, además, lo residual –lo *kitsch*– a la búsqueda grave de lo nacional. Porque para Sarduy, que desconfía del espesor acumulado del significado y de la realidad, lo real es inencontrable.

Un especialista en el tema, Jean Baudrillard, lo planteará en estos términos: «el cuerpo de lo real jamás ha sido descubierto. En el sudario de lo virtual, el cadáver de lo real es eternamente inencontrable» (Baudrillard 1997: 70). ¿Dónde se refugia la magia de lo real cuando el Prestidigitador revela sus artilugios, sus secretos profesionales?

Lo real irrumpe en lo ficticio sin despojarse de su incómoda condición y lo simulado desplaza con desparpajo el sitio del referente –del origen–, para pervertir los caminos de la interpretación.

De esta manera, Sarduy llevará lo ficticio hasta unos bordes insospechados para la novelística latinoamericana de los sesenta, al punto de que en su obra la ficción se revela *ficticia*, metáfora del vacío. Debido a esa *falla* del sistema, el autor podrá asombrarse de que su personaje conserve todavía algo de la perdida inocencia literaria: «¿Cómo no se ha dado cuenta? ¿Cómo ha podido creer que ese decorado vacío, sin espesor ni soporte, era la realidad?...» (Sarduy 1985: 98).

¿No es este el mismo acertijo que plantea el arte Pop o el objeto hiperreal? «Mientras la apariencia de las cosas es más intensa y compacta, más denuncia una simulación» (Sarduy 2000: 132).

Llevar el objeto a la plenitud de su significación

Si lo *kitsch* comunica con lo funéreo, lo sádico y lo religioso, lo erótico y lo escatológico, el dolor y el placer serán aventuras simultáneas; y el quirófano, el templo, el teatro o el burdel, lugares imbricados en cuya interrelación encontrarán los signos de esta novelística la plenitud de su significación.

A esta concurrencia de códigos se refería Barthes (1997) cuando hablaba de la multivalencia del texto. Dichos códigos comparecen y se imbrican en el texto: devienen escritura. Comentar esta concurrencia es renovar las entradas del texto, y al mismo tiempo, anunciar su parcial reversibilidad.

La novela de Sarduy se construye, como el collage o el montaje, en una reunión de signos dispares que se desplazan de un lugar a otro del relato o de un código a otro de la cultura, para integrarse luego en una nueva constelación, en la plenitud de una nueva significación.

Si permanecemos atentos a esta tónica de la emigración del signo, nos toparemos con que la historia de la imaginación esconde curiosas coincidencias. La novelística sarduyana lo demuestra como ninguna: de pronto, los signos purificadores del martirio son los mismos que instrumenta la inquisición para castigar al hereje, signos que luego se transpolarán a la escena del quirófano o de la morgue, y que también encontraremos en la ceremonia sadomasoquista, todo vertebrado según una ritualidad que roza lo sagrado. El collar con clavos del torturador de Jesús en *La coronación de espinas* del Bosco (1450-1516), ¿no reaparece luego en la iconografía sadomasoquista de los siglos XIX y XX?

Los relatos de Sigüenza y Góngora, su crónica del convento de la Inmaculada Concepción, parecen capítulos tomados de una obra del Marqués de Sade, señala Octavio Paz (1998: 172). Dicha crónica «relata muchos casos en los que las prácticas ascéticas se tiñen literalmente de sangre y de otros humores menos nobles».

Esta comunicación entre lo santo y lo abyecto será muy importante para reconocer la mecánica de producción del sentido implementada por la obra de Sarduy.

Todo significa sin cesar y varias veces

Bajo esta premisa barthesiana, pasemos a explorar otros substratos que alimentan esta escritura. Comencemos por interrogar esa privilegiada entrada del texto sarduyano que es la pintura, como él mismo lo aclaró en ensayos y entrevistas. Si su primera novela se organiza como «pintura gestual», donde las escenas son transposiciones de un Soto o un Dubuffet, ¿cuál obra pictórica condensa mejor las preocupaciones estéticas de sus novelas posteriores? Seguramente, muchas: Kline, Rothko, Botero, Lam, etcétera. Pero la de Rembrandt (1606-1669) será fundamental en el diseño de las escenas de cadáveres, sobre todo a partir de su famosa *Lección de Anatomía* (1632).

Este emblemático cuadro de Rembrandt describe la escena de una clase de anatomía dictada por el Dr. Tulp. Siete estudiantes se aglomeran en torno al cuerpo yaciente. Algo de carnicero o ave de rapiña adivinamos en los gestos, en las negras vestiduras de los asistentes. ¿Las anchas alas del sombrero del Dr. Tulp, reflejo de su cargo, remedan las del buitre agorero? El Dr. sostiene unas pinzas en la mano derecha, va a imprimir un corte sobre los tendones desnudos. Los músculos al descubierto vibran bajo los *atrevidos y delicados* toques de luz con que los maestros del barroco indicaban la humedad de los labios, ojos y heridas. La escena se oscurece hacia los bordes, recurso perturbador practicado por los tenebristas, para neutralizar los fondos e introducir un halo misterioso en el espesor de la obra. El cuadro anuncia el momento de máxima tensión, el momento del corte; los espectadores del lúgubre espectáculo –los estudiantes, nosotros– vamos a mirarnos en el inquietante espejo de las vísceras. Estamos en el siglo XVII. La curiosidad por la realidad interior del cuerpo humano había sido renovada un siglo antes gracias a los atrevimientos quirúrgicos de Andreas Vesalio (1514-1564), cuyas indagaciones en ese coto cerrado que era el cuerpo darían al traste con la autoridad casi bíblica de Galeno, anatomista de la antigüedad, cuyo discurso corporal había reinado durante mil quinientos años.

En tiempos de Galeno, la disección del cuerpo había estado prohibida, de modo que el antiguo «nunca había visto las cosas que describía». «Durante mil quinientos años, la principal fuente de conocimiento de los médicos europeos sobre el cuerpo humano no fue el propio cuerpo», sino el de los perros, cerdos y monos (Boorstin 1997: 338). Con Andreas Vesalio, el discurso anatómico dará un salto. Pero ese salto no se da sin la trasgresión voluptuosa de los interdictos y tabúes que velaban, con un aura de inviolabilidad sagrada, la mórbida condición de los cadáveres. En su empresa de recoger especímenes, Vesalio va a instrumentar todas las argucias posibles, legales o ilegales. Repasemos el relato apuntado por el propio Vesalio en 1536, donde, con cierto tono criminal o caníbal, el anatomista se mide con la rapacidad de los pájaros carroñeros:

> A causa del estallido de la guerra, regresé de París a Lovaina, donde, mientras paseaba con el famoso médico y matemático Gemma Frisius buscando huesos a lo largo de la carretera, en el lugar donde habitualmente dejan a los criminales ejecutados, para beneficio de los estudiantes, me encontré con un cadáver.

Bajo la sospecha de que los pájaros «consumirán la carne de aquél», se adelanta y lo gana a los buitres.

> Al observar que el cuerpo estaba seco y no tenía traza de humedad ni estaba descompuesto, me aproveché de esta inesperada pero bien venida oportunidad y, con la ayuda de Gemma, subí al poste y arranqué el fémur del hueso de la cadera. Mis tirones también desprendieron las escápulas con los brazos y las manos, aunque faltaban los dedos de una mano, ambas rótulas y un pie. Una vez que hube trasladado las piernas y los brazos a casa a escondidas y en viajes sucesivos [...] me quedé voluntariamente fuera de las puertas de la ciudad cuando las cerraron para no abandonar el tórax [...]. Tan grande era mi deseo de poseer aquellos huesos que, en plena noche, solo y rodeado por todos aquellos cadáveres, trepé por el poste con considerable esfuerzo y no dudé en arrancar lo que tanto deseaba. (en Boorstin 1997: 349)

La atracción por las entrañas va más allá de la medicina y alcanza, también, la estética. Ambrosio Paré, una de las figuras principales de la cirugía del siglo XVI, cuenta cómo pintores y escultores se amontonaban a observar en sus disecciones. Jean Claire habla del tiempo en que el arte de la medicina entroncaba aún con las bellas artes: «El encarnado o matidez de una piel, la sombra, el grano de una epidermis, la tonicidad o flacidez de un músculo, tan atinadamente *vistos* como el estertor o el soplo son oídos con el estetoscopio, denotaban una mirada tan segura como la del curioso que descubre una lámina magnífica en un mercado» (Claire 1999: 218).

Esta pasión plástica y mórbida por el cadáver, aunado al aire proscrito y antropófago que rodeó el arte de la disección desde la antigüedad, configura el contexto donde debemos leer ciertas escenas de Severo Sarduy, son las figuras arquetipales con que debemos contrastar alguno de sus personajes. Son el intertexto enunciado por el texto.

Varios de sus personajes parecen tomados directamente de esa historia marginal del cuerpo que es la anatomía, confundida a ratos con la actividad criminal. Isidro, en *Cocuyo*, y el Dr. Ktazob, en *Cobra*, pertenecen a este imaginario de la obscenidad. Isidro, un obeso y bulímico maestro de anatomía a quien podemos llamar, al modo antiguo y con dejo irónico, *explicator chirugiae*, reunía al grupo de ávidos alumnos de medicina en el anfiteatro de su casa, construido (justo al lado de la cocina) para enseñar los pormenores de la disección. Por su parte, en el discurso del Dr. Ktazob, grotesco personaje de *Cobra* llamado también *El Alterador*, adivinamos las palabras de Ambrosio Paré (1510-1550), famoso cirujano que consideraba, entre los objetivos principales de la cirugía, eliminar todo lo superfluo. El Dr. Ktazob, «que en taimado raspadero tangerino arranca de un tajo lo superfluo y esculpe en su lugar lúbrica rajadura» (Cobra 1972: 85), se encarga de extirpar el pene –lo superfluo– del cuerpo de Cobra, y de poner en su lugar la herida femenina. No faltarán tampoco en esta novela las escenas de la morgue ni los robos de cadáveres.

La descripción de Isidro nos recuerda a Jacobo Silvio, el eminente maestro de Vesalio, quien, según cuenta uno de sus alumnos, procedía de la siguiente manera: «Le he visto llevarse en la manga, […] ora el muslo, ora el brazo de alguien que hubiera muerto ahorcado para disecarlo y anatomizarlo. Olían tan mal que algunos de sus oyentes hubieran vomitado si se hubieran atrevido» (en Boorstin 1997: 349).

El Isidro de Sarduy, es el que

> enseña anatomía. Vive rodeado de azafatas diligentes; por motivos estrictamente pedagógicos y con la compulsión de un bulímico que barrunta la escasez, él colecciona cadáveres, que regatea en la morgue cuando nadie lo ve.
>
> Es obeso, cuando vuelve de su lúgubre mercado apesta a formol y a grajo; arrastra unas chancletas planas y deshilachadas que el zapatero de la esquina y su mulatón, no sin burlas y remordimientos, le han fabricado, deformando a martillazos exquisitos modelos italianos, para que quepan en ellos, y hasta se solacen, de esa bola de sebo, los dilatados pies [...] los matasanos en ciernes acudían por docenas al antro enratonado que Isidro había armado en su propia casa para prodigar, a quienes pagaran por ello, su afrancesado saber en el pestilente arte de la disección. Con batas blancas almidonadas y una untuosidad obispal en los ademanes –«La medicina es un sacerdocio»–, recibían al atardecer, en el anfiteatro doméstico, los rudimentos anatómicos que les valdrían años más tarde la patente de sanar. (Sarduy 1990: 37-38)

En este clima lúgubre y grotesco encontramos las trazas del arte anatómico del siglo XVII, del banquete funerario, de la naturaleza muerta y de los principios lumínicos de la teoría tenebrista. El anfiteatro descrito parece estar inspirado en la famosa *Lección de Anatomía* de Rembrandt.

El primer foro anatómico o anfiteatro fue fabricado por Fabricio ab Aqueapendente en 1595:

> Cinco tramos de escaleras de madera conducían a seis galerías circulares que daban a un estrecho foso. Los estudiantes se asomaban

por las barandillas de todas estas galerías para otear en la oscuridad una mesa situada en el centro, iluminada por candelabros sostenidos por otros estudiantes, que proyectaban luz sobre el cadáver mientras se practicaba la disección. (Boorstin 1997: 355)

Estas escenas del cadáver tomadas en apariencia del tenebrismo y del discurso de la anatomía, son convocadas por el interés general sobre el cuerpo que acusa toda la obra de Sarduy. Interés que sobrepasa lo estético y que tiñe lo biográfico. A finales de los cincuentas, Sarduy se muda de Camagüey a La Habana para cursar estudios de medicina, carrera que abandonará luego a causa de la inestabilidad política de la Cuba pre-revolucionaria, no sin antes destacar en la cátedra de disección, al punto de ser premiado por su aventajado conocimiento de la materia.

El cuerpo como lugar de las mutaciones

El cuerpo en Sarduy es otro espacio de las mutaciones. En él ocurrirán los cambios, los enmascaramientos y los tránsitos entre lo sagrado y lo profano, entre lo femenino y lo masculino, lo orgánico y lo inorgánico. Su obra dibujará el trayecto que va de la cuna a la sepultura, de la escisión umbilical –a la que remitirán todas las cicatrices posteriores– a la elaboración de un *curriculum mortis*, regreso a lo inorgánico y tránsito hacia otros mundos.

Pero la exploración corporal que registra su obra debe ser leída con minuciosidad para lograr entrever algunas de las resonancias que se tejen en su escritura. Si acabamos de señalar los enlaces entre la pintura barroca (Rembrandt), el discurso anatómico del siglo xvi y xvii (de raíces medievales) y la producción de sentidos en su novela, debemos apuntar también que la relación establecida entre las indagaciones anatómicas y las búsquedas de nuevos mundos son de suyo estremecedoras. Asombra, por ejemplo, que la exploración del útero femenino en la anatomía (pregunta por el origen) coincida en el tiempo con la búsqueda y hallazgo del Nuevo Mundo (o paraíso original). O que Vesalio publique un volumen de su obra fundamental *La estructura del cuerpo humano* el mismo año en que Copérnico publicara la suya, *De Revolutionibus* (1543), obras que revolucionarán, cada cual en su campo, el conocimiento del micro y macrocosmos.

Queremos llamar la atención sobre ciertas ceremonias funerarias que se practican por ejemplo en *Cobra,* para sugerir allí una lectura que, si pretende ser integral, debe considerar varias visiones o exploraciones del espíritu. Si queremos entender la historia de las interrogaciones que el hombre le ha planteado al cuerpo, a la geografía, la ciencia o a Dios, debemos tener en cuenta cómo y cuándo se formularon, sin desestimar las elocuentes sincronías en la elaboración de tales preguntas. Un ejemplo de tal sincronía lo hallamos en las interrogaciones planteadas por la física en los años 60 y la elaboración literaria de un escritor como Salvador Garmendia, por citar sólo un ejemplo contemporáneo. Según Oppenheimer, constructor de la bomba atómica, la gran pregunta de la física de entonces era la siguiente: «qué es la materia, qué elementos la constituyen, cómo se comportan en sucesivos estados de descomposición atómica, cuando tratamos de arrancar a la materia que nos circunda aquellos elementos que solamente crea o hace evidentes la violencia» (1970: 61). Correlato de esta avidez científica, un escritor como Salvador Garmendia planteará la misma pregunta en la misma época, mediante una elaboración literaria que exploraba con violencia la realidad última de la materia, los deshechos y la descomposición.

El substrato que encontramos en las últimas páginas de *Cobra* proviene directamente de la tradición religiosa, occidental u oriental. En el relato del tránsito de Cobra hacia la muerte o iniciación de su cadáver para su última transformación, el campo referencial será la ceremonia mortuoria cristiana y, sobre todo, el rito funerario tántrico.

El Dr. Ktazob, encargado de empujar a Cobra hacia su más profunda mutación en vida, la cirugía sexual, se privará, como si observara una antigua creencia religiosa, de todo linimento anestésico. Durante la Edad Media, la disminución del dolor era considerada como un acto herético. El «mutante», pensaba el Dr. Ktazob, debía conservar la conciencia durante el tránsito.

Un caso relatado por Vesalio parece escenificar, *avant la lettre*, un típico episodio sarduyano. Se trata del robo del cadáver de una dama de cierta importancia social. El libro de Vesalio reseña abiertamente estos tipos de robos al tiempo que aconseja «técnicas macabras para evitar ser descubiertos»:

> La hermosa amante de cierto monje de San Antonio que aquí vivía (en Padua), murió de un estrangulamiento del útero, o de otra rápida y mortal dolencia, y su cadáver fue robado de su tumba por los alumnos de Padua para efectuar una disección pública. Con suma laboriosidad despellejaron todo el cadáver, no fuese a suceder que el monje, quien con los parientes de su amante había denunciado ante el juez la desaparición del cadáver, la reconociera. (Boorstin 1997: 353)

Octavio Armand –pariente estético y amigo de ruta de Severo Sarduy– en un agudo y divertido ensayo cita e interpreta este caso en el que Vesalio relataba el procedimiento que se efectuó para disimular la transformación sexual del cadáver. «La perentoria necesidad de ocultar el altísimo cadáver desencadena un proceso macabro. Un ajedrez con piezas de carne y hueso. [...] Un corte circular alrededor de los genitales externos, se rompe la sínfisis y zas, tras cortar la uretra, se saca en una sola pieza la vagina y el útero» (Armand 1992: 831). Se trata de una simulación macabra de la identidad sexual, curioso caso de «cadáver transformista» que hubiese fascinado a Sarduy.

El cadáver del travesti Cobra, *dama* relevante de la novela, es robado de la morgue por Tótem, donde éste la reconoce «entre los repetidos cuerpos disecados, en el parpadeo de una luz de acetileno», luminosidad moderna que remite oblicuamente al recurso pictórico de los tenebristas. Luego de encontrarlo, «huyó con el cuerpo a cuestas» (Sarduy 1972: 189), cual un lúgubre contrabandista medieval.

El cadáver de Cobra será objeto tanto de profanación como de adoración, de exploración científica y de violencia sacrificial. El escenario es el de la *Lección de anatomía* de Rembrandt o el de *La incredulidad de Santo Tomás* de Caravaggio, donde el santo hurga con su dedo las heridas de Jesús:

> Estabas diagonal, amarillabas. Eras un puro peso, [...] un objeto encontrado que los cuatro curiosos escrutaban.
> Te leían. Te señalaban. Confrontaban tu cuerpo con un cuerpo dibujado –un mapa del Hombre abierto–; enumeraban tus partes, nombraban tus vísceras, te abrían los párpados, [...] tomaban nota, volvían las páginas. [...]
> Te hundían en la carne la punta de los dedos: quedaban las depresiones de las yemas, las ranuras de las uñas. [...]
> Con un bisturí te cortaron las muñecas; [...] Por la herida brotó una pasta negra que recogieron en un cofrecillo. En otros dos conservaron de tu orine y tu excremento. (Sarduy 1972: 197)

De la Edad Media y del Barroco vienen estas imágenes mortuorias, «a un tiempo suntuosas y terribles, que obsesionaron a los artistas medievales y a los de la edad barroca de los países católicos» (Paz 1991: 94). El cuerpo trucidado del cadáver va a extenderse para ser analizado bajo la mirada anatómica, pero de esa extensión van a brotar también fragmentos que serán atesorados como reliquias sagradas, lo que moverá la imagen ahora hacia los linderos de la hagiografía, la eucaristía católica o la ritualidad tántrica.

Los funerales de Cobra se llevarán a cabo, pues, bajo un ceremonial que funde la estética de la naturaleza muerta y el barroco funerario con los rituales religiosos occidentales y orientales. En esa encrucijada, creemos, la escena encuentra la plenitud de su significación.

Los encargados de oficiar las exequias:

> Regresaron al sótano por las cantinas del puerto, bebiendo cerveza y dando manotazos en las vitrinas [...]. Con la venta del jacket del difunto se pagaron varias rondas, un baño de vapor, té y mariguana. [...].

En un cráneo [...] reunieron los alimentos, los mezclaron y amasaron: tripas malolientes, que del vellón interior rezumaban una grasa negra, cerdas y párpados que recorrían hilillos de sangre fresca, riñones y testículos, pezuñas, hígados. [...] Se desnudaron entre carcajadas. Se hartaron del cráneo. Fornicaron sobre uñas y coágulos. [...] Coronaron el banquete con *las cinco ambrosías*. (Sarduy 1972: 216)

Este escenario de violenta sensualidad remite a la eucaristía católica, ingestión de la sangre y cuerpo de Cristo; tanto como al banquete tántrico, el cual, según Paz, se presenta como «un exceso», «y su utilidad, si merece este calificativo, es ultramundana». En ciertos ritos de la India, nos dice Paz,

se mezclan todos los guisos en un plato, ya sea por ascetismo o por hedonismo –los dos polos de la sensibilidad hindú. [...] El tantrismo exagera esta actitud y en el festín ritual se come con voluntaria brutalidad. Así se subraya el carácter religioso del acto: regreso al caos original, absorción del mundo animal. [...] El banquete tántrico es una violación ritual de las prohibiciones dietéticas y morales del hinduismo y el budismo. No sólo se come carne y se bebe alcohol sino que se ingieren materias inmundas. (Paz 1997: 85-86)

(Isidro, personaje bulímico y obeso de *Cocuyo*, construye su *foro anatómico* justo al lado de la cocina, donde una gallega degollaba gallinas y freía camarones en una salsa roja. Doble vibración de la carne: el cadáver, signo del «regreso al caos original», junto a la cocina, altar y zona de absorción del mundo animal).

El fin de los sacramentos del tantrismo es suscitar el retorno del tiempo primordial que antecede a todas las interdicciones; producir, por lo que dure el rito, una zona de reabsorción donde se integren todas las substancias, las benignas y las inmundas: el semen, la sangre, el excremento, mediante la abolición de las barreras sociales y de los códigos de la moral culinaria, fascinante comunicación entre lo gastronómico y lo erótico, entre lo bestial y lo religioso, lo excremental y lo sexual. Todo lo que salga o entre al cuerpo se teñirá así de una condición sagrada.

La ceremonia tántrica incluye a la vez la copulación en lugares sagrados. Si los cristianos realizan el acto sexual en las alcobas, esto es, en un sitio profano, los devotos del tantrismo lo practicarán en zonas sagradas, por ejemplo, en un templo u otro lugar consagrado, preferiblemente «en los sitios de cremación de los muertos» (Paz 1997: 99), entre cadáveres, *sobre uñas y coágulos.*

Al tiempo que se ingiere el banquete inmundo, se ingieren también las cinco ambrosías: orina, semen, excremento y otras substancias corporales. En este escenario religioso, misa negra o festín brutal hunde sus raíces la novela de Sarduy. Los críticos que tildaron su escritura de «mariposeo neobarthesiano», caso de Fernández Retamar, o los escritores que, como Onetti o Vargas Llosa, acusaron de amanerada su escritura, pasaban por alto esta movilización de signos de la cultura sagrada, esta intensa problematización de lo corporal que abarca distintas edades y religiosidades, condenando sobre todo el tono subversivo y feliz con que el escritor ejecutaba dicha movilización.

Por lo demás, el gesto condenatorio de estos novelistas se entiende mejor si recordamos que Sarduy fungió como el aguafiestas que exponía al escarnio público los artilugios literarios del *boom*, al modo de un prestidigitador que revelara los secretos del oficio. No en balde Roberto González Echevarría considera que la obra de Sarduy se configura a modo de subconsciente de la novelística hispanoamericana, revelando lo que las otras reprimían y dando así cuenta de un profundo conocimiento de las estructuras novelescas.

El desmontaje de los recursos técnicos implicaba también la parodia del metadiscurso político y cultural que acompañó la producción del *boom*. Sarduy, como decíamos antes, somete al género novelesco a un verdadero proceso de exorcismo con el fin de privarlo de sus supuestos fundamentales y de contradecir las constantes de su articulación. El punto de vista, por ejemplo, no sólo va a fragmentarse, límite al que se había asomado la narrativa del *boom*, sino que va a pluralizarse en una red de autónomos narradores donde participarán el lector, el autor –que no el narrador interno– y los propios personajes, instancias éstas que van a desdoblarse para entablar una *discutatio* en el interior de la novela, desde donde criticarán el desarrollo de la misma: red que malamente los contiene. El turno de la narración girará entonces del narrador al lector, del lector al narrador interno y de éste a los personajes, mientras transcurre la novela. Se trata de una recusación de las garantías de significación que se fundan para que la novela exista. Un pie de página en *Cobra* da cuenta del tono paródico de tal recusación: «Tarado lector: si aun con estas pistas, groseras como postes, no has comprendido que se trata de una metamorfosis del pintor del capítulo anterior –fíjate si no cómo le han quedado los gestos del oficio– abandona esta novela y dedícate al templete o a leer las del *boom*, que son mucho más claras» (Sarduy 1972: 66).

Sarduy pulverizará los elementos cohesivos de la ficción, sin que esto signifique entregar el discurso, como los surrealistas, al flujo irracional del inconsciente o a la ininteligibilidad como recurso estético. Se trata más bien de un agudo dislocamiento de las constantes que el texto produce para sostenerse y garantizar la comunicación y aprehensión del sentido. La temporalidad, la causalidad, la identidad del personaje, datos que en el transcurso de la narración proponen un ritmo y aclaran la opacidad inicial con que arranca toda novela, van a ser alterados gozosamente, al punto de que los escenarios y los personajes se moverán con cierta arbitrariedad por diversas zonas de la cultura. Una novela como *De donde son los cantantes*, por ejemplo, va a remover el substrato más profundo de la lengua convocando y fundiendo la sustancia literaria del Cid con la del Quijote, la de la mística de San Juan de la Cruz con la de los textos de la Conquista, la de la poesía arábigoandaluz con la imaginería medieval, la Celestina con el discurso botánico, etcétera, como ha establecido

González Echevarría. De allí que, según la dinámica de la novela, sea natural que los personajes que aparecen en una estrecha callejuela de la antigua Toledo, atraviesen luego el agitado clima de la Cuba pre-revolucionaria, o que de un concurrido mercado árabe pasen al escenario nostálgico de la arquitectura colonial, y todo perfectamente engranado en una delirante heterotopía.

Sus personajes, sin genealogía, gentilicio o identidad sexual clara, serán endemoniadas entidades discursivas antes que sujetos metafóricos reconocibles por su capital simbólico, su psicología interna o sus señas familiares. ¿Dónde rastrear el idioma que hablan sus personajes? En la España del siglo XVI, en la Cuba de los cincuenta, en la época de la globalización y del pop, en el paisaje sentimental del *Derecho de Nacer* y de José Ángel Buesa, en la prosodia electorera de nuestras repúblicas, en la novela de la selva o en el discurso superficial de la revista *Vanidades;* en el lenguaje erótico-místico de San Juan de la Cruz, en Lezama y en Guillén, etcétera.

¿Y en qué identidad sexual? Según Guillermo Cabrera Infante, sólo en Severo Sarduy la práctica de una escritura transexual es genuina. «Ha conseguido traer, junto con Manuel Puig, una sensibilidad epicena a la novela» (Cabrera Infante 1993: 22). Ante esto, Roberto González Echevarría se pregunta: «¿Cómo no van a ser básicos el sexo o rol sexual de los personajes y su manifestación lingüística? ¿O la manera en que el lenguaje relata la biografía de un personaje?», para luego afirmar:

> El lenguaje es siempre enigma en Sarduy, contra el cual cada cultura o discurso hace decisiones violentas pero ineludibles. La novela tradicional hace al personaje hombre o mujer, el texto de Sarduy va a demostrar el mecanismo que lleva a esa decisión que reprime otras posibilidades. La novela del *Boom* funciona, en tanto que discurso, a base de esas represiones tácitas. *Cobra* intenta hacerlas explícitas. *Cobra* pretende encarnar nada menos que el subconsciente de la narrativa hispanoamericana. (González Echeverría 1987: 154-155)

Si las novelas del *boom* demarcan una topografía reconocible, una zona de influencias donde gravitan los sistemas de significación (una Comala, una Santa María, un Macondo), los espacios relevantes en la obra de Sarduy no son topografías precisas sino más bien momentos del espíritu y de la cultura donde el sistema de lo real trastabilló, fracasó o se hizo accesorio, desplazado abiertamente por el equívoco o la mala interpretación.

Sarduy entiende que el encuentro de nuestros antepasados españoles e indígenas produjo un momento de oscilación mental donde lo real entró en franca erosión; que la presencia árabe en Occidente fue vivida como una ininteligibilidad que culmina en la expulsión; que la supervivencia de la colonia se extendió mediante un proceso de ocultamiento y contaminación, por no decir falsificación, de la cultura; que la sentimentalidad distribuida en nuestros países por la radionovela era engorrosamente impostada, etcétera. Consciente del error que nos atraviesa y en el que estamos fundados, consciente de que nuestra historia es una invención (*Historia de la invención de las Indias*, se llamó el libro de Hernán Pérez de Oliva) y de que alrededor del origen se cierra un círculo vicioso de espejismos y sustituciones –«aquí [en América] jamás habrá historia sino ficción», dirá por su parte Octavio Armand (1992: 831)–, Severo Sarduy va a favorecer la perspectiva falsa, el disfraz, la fruslería, la simulación o las supersticiones; el *kitsch*, el *pop*, el budismo o el barroco... esos momentos donde lo real se vio impugnado y parodiado por las potencias devoradoras del arte y el espíritu. Tal vez porque, como uno de sus personajes, Sarduy «había concebido la realidad como un lugar vacío, un espejismo de apariencias reducido al mito de su representación canjeada» (Sarduy 1978: 120), o porque haya «que teatralizar la inutilidad de todo» (Sarduy 1972: 206).

Esto también explica de algún modo que en su obra proliferen esos momentos de crisis o suspensión de la realidad que ocurre durante la experiencia de la enfermedad, del éxtasis místico o erótico, del trance lisérgico o religioso, y que el quirófano, el templo, el teatro y el cuerpo, sean los lugares privilegiados de la mutación. El quirófano, por ejemplo, con sus alcoholes y su «olor fuerte a éter», será el lugar de la embriaguez, del divorcio de lo real, de la oscilación ante el «leve tintineo» de los «bruñidos instrumentos del corte» (Sarduy 1994: 11). A la descripción del hospital se superpondrá la de una mezquita, como si la enfermedad condujese a una ensoñación oriental: «una enfermería con almínares, que espejeaba en la polvareda, cubierta de cenefas y azulejos, en medio de un palmar» (Sarduy 1994: 18). El quirófano no sólo conducirá a Oriente sino también a lo femenino; a través de la incisión genital, Cobra recupera la escritura genérica en que se reconocía: «el cuerpo, antes de alcanzar un estado perdurable [...] es un libro en el que aparece escrito el dictamen divino ¿por qué, en un caso como el aquí presente, en que a todas luces en lo *Escrito sobre un cuerpo* se ha escapado una errata, no enmendar el desacierto y poner coto al retoño errado...?» (Sarduy 1972: 88). «Ya eres, Cobra, como la imagen que tenías de ti» (Sarduy 1972: 118). El pasaje vuelve a plantear la problemática del origen. El «dictamen divino» ¿no es la causa de todo? Tal vez, pero su escritura es enmendable. Tachada la seña sexual original ¿podrá Dios reconocer a Cobra el día del Juicio Final? En esa tachadura de la identidad, Cobra renuncia al mundo simbólico del origen y a su eventual regreso. Cobra asume un exilio radical: se convierte en imagen.

El templo y el teatro se imbricarán en esa misma lógica de la transformación. Ambos espacios ofrecen la ocasión para el cambio, espiritual o cosmético. En el templo, todo está organizado para suscitar un salto; las sombras, las platerías del altar, los ecos y espejos, configuran un clima donde el mundo exterior se silencia para gestar una serie de desdoblamientos. Traspasar el umbral del templo, franquear esa puerta, es ya pasar de un mundo a otro. Asimismo, maquillarse, salir a escena, es transfigurarse, salirse de sí mismo, ser otro. Como en el quirófano, en el templo y en el teatro se gestará el secreto de la mutación.

La narrativa de Severo Sarduy está poblada de estos lugares. Entre los teatros destaca el Shanghai, teatro burlesco y pornoerótico que funcionó alguna vez en el barrio chino de La Habana, escenario al que frecuentemente se desplazará su escritura. Sobre la escena teatral del Shanghai se lleva a cabo todo un ceremonial emparentado con operaciones religiosas: posesión, trasmigración, metempsicosis, travestismo: intensas mutaciones. La máscara, el disfraz, el travestismo, liturgias del cambio, se proyectarán entonces hacia límites de lo sagrado. El devoto y el actor ¿acaso no persiguen una irrealidad que es infinita?

En el teatro místico hindú, los actores se transfiguran en seres temidos y venerados luego de una prolongada transformación cosmética. El único equivalente Occidental de este tipo de transformación cosmética, según el propio Sarduy, se encuentra en la figura del travesti, personaje axial en su novelística. Manuel Aceves, en *El travestismo, fenómeno religioso*, apuntaba que «En el antiguo culto de la Magna Mater en Roma y el Asia Menor los sacerdotes debían vestir ropas de mujer, dejarse crecer el cabello, y en algunos casos, autocastrarse» (Aceves 1983: 56). Por otra parte, Campbell señala algunas figuras donde la ambigüedad sexual va acompañada de facultades trascendentales. Tiresias, por ejemplo, el vidente ciego, que «era varón y hembra» a la vez, y cuyos ojos «estaban cerrados a las formas rotas del mundo de la luz y las parejas de contrarios», «vio en su interior la tragedia de Edipo». Shiva, deidad hindú, aparece unido en un mismo cuerpo con Shakti, su esposa, en la manifestación conocida como Ardhanarisha, *El Señor Mitad Mujer* (Campbell 1984: 151).

Por este camino, la figura del travesti alcanza una compleja articulación con la categoría de lo sagrado, que en la novela de Sarduy incluirá elementos del martirio, el sacrificio y lo diabólico, categorías que remiten directamente a la gramática religiosa. Las visitas al burlesco chino de La Habana las vivirá el libidinoso personaje del General con una fascinación que debemos llamar religiosa. «El Teatro se volvió para G. una misa. Siempre en primera fila. La aparición de Flor en la Toma del Fuerte es la fiesta de los Posibles. En lo falaz, en lo óntico, toma gato por liebre. En los entreactos se da de cabeza con la Nada» (Sarduy 1967: 49). El teatro se lee también como templo, zona de sacrificios, y el templo, como lugar de escenificación de lo sagrado. Esta convertibilidad de los espacios definirá la lógica del relato sarduyano: paisajes que se superponen delirantemente; lugares que abisman a la novela hacia el fin de su realidad.

Las acciones que llevará a cabo este personaje conformarán una escena de visos religiosos, sacrificial y sádica. El General, enamorado del travesti Flor de Loto con la pasión místico-erótica de un San Juan de la Cruz, y desasosegado por la imposibilidad de la fusión amorosa, termina por transgredir los límites de su adicción ahogando en sangre su adorado objeto de deseo. El acto criminal estará cargado con el aura de violencia trascendental que rodea todo sacrificio. Se trata de una profanación erótica y obscena, condimentada por ese aspecto «diabólico» de que hablaba Bataille, surgido del encuentro de muerte y erotismo (Bataille 2000: 41). Amén de la devoción, Flor de Loto necesitaba ser también asesinada para que la escena cobrara una verdadera dimensión sagrada, puesto que, como dice René Girard, «la víctima no sería sagrada si no se la ejecutara» (Girard 1975: 7).

G., obsequioso, le envía a Flor de Loto

> una pulsera más, como la de todos los días, en jade azul, con flores y mariposas pintadas, como las que usaron las campesinas mongólicas. Claro está, ésta tenía además un dispositivo interior que funcionaba al cerrarse la joya en la muñeca, y que soltaba dos navajitas de afeitar muy afiladas contra la parte interior del puño. [...] G. había terminado su parábola, cumplido su ciclo. De mirón a sádico. Quien posee por la mirada posee por la daga. Por su sangre la reconocería. Herir. El placer está atravesado por el dolor»; «Hoy no irá al espectáculo. Espera

a que saquen por la puerta de los camerinos un cuerpo pálido. (Sarduy 1967: 53-54)

Interrogado en su dimensión sagrada, el texto admitirá una lectura surgida en el cruce de los códigos religiosos. Sin embargo, sería excesivo aislar este elemento del contexto humorístico y paródico en que se inserta. En Cobra, un buda tibetano se ve obligado, por las leyes del mercado, a aprender inglés con discos. No olvidemos que Sarduy escribe desde una conciencia que se ubica al final de la angustia producida por el derrumbe de religiones, ontologías y doctrinas, donde la única realidad todavía en pie es dictada por el absurdo mercantil; conciencia residual, ex-céntrica y difusa, donde los discursos oficiales se han agotado, y no son redituables. De ahí que sus novelas superpongan diversos planos de la cultura o de la historia sin el menor respeto por las jerarquías habituales, y que su narrativa se despliegue sobre la ausencia de jerarquías temporales, haciendo de la obra un evento donde parece estar ocurriendo siempre el ahora, perpetua progresión que cancela toda noción de pasado. Por esta vía, las novelas de Sarduy son una actualización de las «eras imaginarias» de que habló Lezama, cruce de estratos y secuencias de la cultura que se enlazan bajo el designio de la imaginación poética y no de la causalidad histórica.

Serie de inversiones

La obra impugnadora de Sarduy opera en el panorama literario hispanoamericano a modo de espejo donde se invierten los paradigmas occidentales. Inscrito en la línea parodiadora que recorre a Cervantes, Góngora, Borges y Lezama, la obra de Sarduy va a desfigurar los modelos literarios y los arquetipos de nuestra cultura dentro de un espacio textual donde todas las referencias serán transpuestas y desgarradas de su acostumbrada estabilidad cultural. Con el fin de perturbar la elaboración y transmisión de lo ficticio, Sarduy introduce en la novela todo aquello que lesione su inmunidad y funcionamiento, en nombre de la nueva dimensión novelesca que pretende crear. La novela no es más que un objeto falso; la realidad, un conjunto de hipótesis provisionales, parecen ser las premisas más relevantes de esta obra disolutiva y desactivadora.

Severo Sarduy continuará la *historia de la realidad* (de la recepción de la realidad, mejor dicho) que iniciara Cervantes y, como éste, nuestro autor hará repertorio del corpus de los diversos códigos literarios y sus respectivas estrategias procedimentales (proveyendo a la obra de un sistema crítico para su propia elucidación), haciendo de la novela una divertidísima confusión de niveles discursivos y textuales.

Su visión de la literatura como sistema de vasos comunicantes, sin fronteras históricas o lingüísticas, empalma perfectamente con la noción de «eras imaginarias» de Lezama y con la comunicación multilateral de los textos que, según Borges, establece la literatura. Las obras pertenecientes a épocas distintas, enseña Borges, no se comunican de modo unilateral, según una crono-lógica, sino según una reciprocidad multilateral y simultánea, al punto de que una obra posterior pueda colorear o movilizar una precedente. Se trata de la idea de la literatura universal como palimpsesto.

Con este instrumental a cuestas, Sarduy se dispondrá a realizar una lectura confrontadora, al revés y «sodomizada», de nuestra tradición literaria, fundando su escritura en la implementación de una (des)lectura concebida siempre en las antípodas del canon. Lectura sacrílega, *arábiga* y subversiva; lectura infiel, de los anversos inconfesables, destructora del sistema de nuestros significados tradicionales. ¿No fue acusado Góngora, por análogas razones, como el Mahoma de la poesía española de su tiempo?

Dentro de las inversiones más significativas que encontramos en la obra de Sarduy se halla la del cuerpo. El cuerpo será puesto al revés, la zona inferior «oscura e infernal», «donde todo está en constante metamorfosis y en que se producen las regulares expulsiones de humedad propias del mundo sublunar (semen, menstruos, heces, orina» (Matamoro 1988: 42), pasará al primer plano de lo simbólico, y de tal inversión de niveles se derivarán una serie de resonancias polimorfas y expansivas.

La producción del discurso va a realizarse a partir del ano o el pie, desplazamiento que se inscribe en la lógica negadora del orden y del origen que, como hemos visto, caracteriza a esta narrativa. El descubrimiento del ano como productor del discurso servirá a esos fines, y significará la impugnación de la identidad logocéntrica o desautorización del centro de emisión oficial, por una parte, y por otra, el desplazamiento hacia lo omitido, reprobado y expulsado, a lo psíquicamente sepultado (¿al substrato arábigo de Hispanoamérica?).

Se trata de un descenso hacia el culo que emerge ahora como segundo centro emisor, institución del ano como nuevo ombligo del discurso.

Cobra, desesperada por la imposibilidad de achicar sus pies, se ahorca al revés. El ano toma el lugar de la cara y ésta la de aquel: inversión de niveles. El culo, sabemos, es la cara oculta, *inferior*, «nuestra cara animal, sexual», según Octavio Paz (Paz 1991: 11). Centro nervioso postergado, cara primordial, la que teníamos antes del nacer. Culo: locura: vórtice, ojo del huracán al fondo de las sensaciones inéditas, punto de mayor intensidad que la moral reprime, nudosidad concéntrica que semeja al embrión incipiente y aún tibio.

Partiendo del centro es como se verifica la creación del mundo, ha dicho el estudioso de las religiones Mircea Eliade. En Sarduy, digamos, el centro verificador de su mundo discursivo se invierte, o mejor, se pierde, al deslizarse hacia esa latente oscuridad maloliente que pasa ahora a orquestar la visión novelesca.

Cara primordial, imagen desconocida que surge hacia la superficie desde una profundidad anterior, el ano es el rostro que contiene la información más salvaje de nuestra difusa identidad sepultada. Si, como dice Lacan, el yo se organiza según la imagen que resume el espejo y el cuerpo alcanza su unidad a partir de esa duplicación de sí mismo, Cocuyo va a ganar entonces su máxima revelación cuando se asome –agachado sobre un espejo– a esa desconcertante encrucijada que es el ano.

Este es el diálogo suspicaz que los dos barberos sostienen por sobre los hombros de Cocuyo, mientras se hace cortar el cabello:

>–¿Ya te las has visto? [...]
>–¿Qué? [...]
>–La rajadura [...]
>–¿Qué rajadura?
>–Hombre, la de atrás.
>–No, nunca.
>–Ah...
>–Y, ¿cómo se hace?
>Aquí el obsceno instructor miró de nuevo a Cocuyo, como si quisiera advertirlo de que las perversas indicaciones le estaban dirigidas:
>–Se pone un espejo en el suelo...
>–¿Y luego? [...]
>–Pues luego –prosiguió el mestizo procaz–, te agachas encima.
>(Sarduy 1990: 136)

Al atisbar el rostro obliterado, el niño descubrirá, en ese acto privado y obsceno, una zona de su propio cuerpo que lo interroga con una carga enigmática. Fin del cuerpo, límite de la persona, antípodas, lugar remoto (de allí la frase coloquial *en el culo del mundo*); separación, frontera, borde irracional y no domesticado; fin de la continuidad orgánica y principio del placer, punto en que se reúne la gestión purificadora con lo obsceno, el dolor con el goce, las inmundicias con lo sagrado, lo erótico con la memoria ancestral... vagos recuerdos que remiten a la infancia prehistórica de la especie, a la antesala del *homo erectus*, cuando el hombre estaba imbuido aún en el vapor genital, cercano al suelo.

La estudiosa del escritor cubano Leonor A. de Ulloa indica con precisión el tipo de relación que entabla la obra de éste autor con el cuerpo y las correspondencias que se establecen entre su novelística y otras elaboraciones filosóficas y estéticas: «Si *Cobra* es una novela fálica y homosexual, *Maitreya* va aún más lejos en sus transgresiones; es una novela anal y explosiva que destruye por completo el nivel denotativo del lenguaje. Su correspondencia pictórica sería un grabado de Posada en que el rostro de una enana lo constituyen sus nalgas con un ojo único, y la literaria "Las gracias y desgracias del culo" de Quevedo o, en ciertos aspectos, los textos modernos de Georges Bataille» (Ulloa 1989: 106-107). Lo que vale para *Maitreya* vale para *Cocuyo*, novela que Leonor de Ulloa no pudo considerar en esta clasificación puesto que aparece un año después de su ensayo. Sólo que *Cocuyo*, posterior a *Maitreya* en doce años, pertenece ya al retorno hacia formas menos experimentales de la estructura novelesca que iniciara la prosa de Sarduy a partir de 1985 con la aparición de *Colibrí*, parodia de la novela de la selva. *Gestos, De donde son los cantantes, Cobra* y *Maitreya*, son sus novelas más desafiantes en cuanto a estructura y ritmo novelescos, mientras que *Colibrí, Cocuyo* y la póstuma *Pájaros de la playa*, son obras más fluidas y, si se quiere, menos vigiladas. Todas, sin embargo, son celebración del estrato inferior del cuerpo, apoteosis y elegía del reino fisiológico.

La revelación del ano como rostro, o la inversión de las funciones y niveles corporales, impactará al discurso novelesco de varias maneras.

Al pasar al primer plano de la significación, el ano logrará articular varias de las metáforas que le son fundamentales a esta novelística, por ejemplo: 1. la metáfora excrementicia (o regreso a la nada, seducción del no-ser); 2. la metáfora de la abundancia y el desperdicio; 3. la del cuerpo que marcha hacia la muerte; 4. la metáfora de la caída; 5. la de lo abyecto, la enfermedad y lo sagrado; 6. la cancelación del discurso pleno y centrado, y un largo etcétera.

No pretendemos agotar aquí la resonancia de todas las metáforas articuladas en la figura del ano. Nos conformaremos con una breve descripción de algunas de ellas.

La metáfora excremental

La metáfora excremental es, obviamente, la que más inmediatamente se vincula al ano.

El excremento es visto como *jeroglífico de la muerte*, al tiempo que grumo numinoso (como decía Armando Rojas Guardia en su poesía místico-erótica), y puede ser asimilado, desde la etimología, con el barroco (*perla irregular, rugosa,* en portugués), pero también, debido a su movimiento descendente, con el cadáver (del latín cadere, caer, lo que cae). Esta profundidad etimológica nos aclara de golpe rasgos del paisaje abigarrado y chorreado de la arquitectura y literatura barrocas, entre cuyos principales aspectos estilísticos destacan lo escatológico y lo funerario, y a través de éstos, lo sagrado. (Recordemos que detrás del barroco estaba la iglesia de la Contrareforma).

En las iglesias barrocas, Lacan detiene su mirada precisamente en el volumen de lo que cae, de lo que cuelga en los muros; en el espesor de todo lo que chorrea, «todo lo que delicia, todo lo que delira». Eso que él llamó «la obscenidad pero exaltada». De lo que inferimos que lo anal está presente en la pulsión organizadora de esta arquitectura y, más aún, ¡que el ano sea un autor churrigueresco!

Vértigo, pesimismo, sensualidad exultante, exceso, repulsión, son términos con que el diccionario literario define al barroco. El ano ¿no es acaso el barroco autor de una naturaleza muerta?

Pero el excremento es, repetimos con el poeta, *grumo numinoso*, y abriendo el paréntesis de significación, diremos que es también abono, ingrediente del banquete funerario, exactamente lo que el cadáver. Cadáver: abono: tierra que se disuelve en la tierra y que alimenta a los insectos sarcófagos (del griego *sarx, sarkos*, carne, y *phagein*, comer).

Como en los poemas de Quevedo, en la obra de Sarduy dialogan «sin cesar el alma y el culo, los huesos y el excremento» (Paz 1998: 105).

En el pasaje ritual donde el cadáver de Cobra es trucidado por los disectores u oficiantes, de la herida «brotó una pasta negra que recogieron en un cofrecillo. En otros dos conservaron de tu orine y tu excremento. / Esos tres residuos, disueltos en vino, rociaron el banquete funerario» (Sarduy 1972: 197).

Las sustancias del cadáver –sangre coagulada, orine y excremento– son, junto al vino consagrador, los ingredientes que acompañan al rito alimenticio o banquete funerario. Las tres primeras, más la saliva y el semen, conforman «las cinco ambrosías» que coronan el banquete tántrico, como antes señalábamos.

«El tantrismo se propone reintegrar, [...] reincorporar– a todas las substancias, sin excluir a las inmundas, como el excremento, y a las prohibidas como la carne humana» (Paz 1991: 88). Recordemos la clave que se nos da en la casa de Isidro, en *Cocuyo*, donde la cocina y el anfiteatro anatómico aparecen como zonas contiguas y colindantes, pero en el fondo, *simultáneas*.

Así se insinúa el vínculo de lo excremental con lo sagrado, resultado de una pulsión religante que se esconde en la multivalente figura del excremento.

Destacan, en el acto de la deyección, ciertos rasgos religiosos. Durante la ejecución de ese acto nos envuelve un aroma salvaje que remite a tiempos de inocencia. Defecar es, a fin de cuentas, una operación que, como la oración, necesita ser realizada en la intimidad más intensa. Defecar y orar, actos extrañamente análogos.

Envuelto en esa vaharada incomprensible que invade la letrina, Lutero recibe sus revelaciones «en el momento que vacía el estómago» (Paz 1991: 33). Por su parte, el señor Leopoldo Bloom menciona cierta «cáscara sagrada» mientras defeca –tal vez una medicina natural contra el estreñimiento–, y lo hace en idioma castellano. ¿Se ha deslizado acaso, en el texto incorporativo de Joyce, algún vocablo de la tradición mística u homeopática española? Cuando Leopoldo Bloom ingresa al inodoro parece hacer una disimulada reverencia al traspasar el umbral, como quien entrara a una zona consagrada. «Entró, inclinando la cabeza, al pasar bajo el dintel» (Joyce 1967: 98). Luego, «dejando la puerta entreabierta, entre el hedor de mohosa agua de cal y viejas telas de araña, se quitó los tiradores». «Acurrucado en el asiento [...] cediendo su última resistencia, permitió que los intestinos descargaran calmosamente mientras leía», «Espero que no sea demasiado grueso y remueva las hemorroides de nuevo. No, sólo lo necesario. Así. ¡Ah! Estreñido una tableta de *cáscara sagrada*»; «mientras sentía los orines fluir calladamente» (Joyce 1967: 98). ¿No se plantea aquí, como en Sarduy, aquella obscenidad exaltada? El fluir de los líquidos corporales, ¿no pronuncian la música callada, oración de las entrañas?

Defecar y orar, actos análogos, hemos dicho. No es casual entonces que Cocuyo, martirizado por sus tías mientras caga, sea comparado a un San Sebastián excretante, flechado por las miradas inquisidoras, como veremos más adelante.

La Caída

La idea del descenso, de lo que cae –cadáver, excremento–, será subrayada por el propio deslizamiento de Cocuyo en su trineo fecal. Cocuyo, pillado mientras defeca en un bacín, «se deja rodar tinajón abajo» (Sarduy 1990: 11). «¿Por qué se tiró, tinajón abajo, en aquel "fecal trineo"?»; «Para mí», especula el autor, «que sintió la mirada de las tías acribillándolo desde las trincheras de los ojos, el espejeo cegante de las sedas como fogonazos plateados, el índice anillado con amatistas relumbronas, que lo mostraba: "¡Míralo, míralo, cagando en el tinajón!". Fue un diminuto San Sebastián excretante, flechado en plena fechoría, un culicagado hazmerreír, fato indefenso» (Sarduy 1991: 13-14).

La caída de Cocuyo va a eslabonar la serie de figuras que se originaron en la visión escatológica y en la zona infernal del cuerpo, lugar de emisión de la novela.

La caída, la deyección, prefigurarán el viaje hacia el cadáver, hacia ese estado *prenatal y póstumo* tan explorado por Sarduy. La posición que adopta el joven Cocuyo en su precipitado descenso remeda la del cadáver en la tumba (¿la del Cristo inerte y horizontal pintado por Holbein?): «Pegó los brazos contra el cuerpo, como si fueran a retratarlo» (Sarduy 1991: 14).

Esta metáfora de la caída se desdoblará luego en otra nueva e inmediata, la metáfora del regreso. El descenso del personaje se identifica con un regreso que debemos leer en su rica pluralidad. Caer es, en otras palabras, abandonar lo actual para descender hacia estados anteriores. Tornar y recuperar sedimentos psicológicos que reposan presumiblemente en el fondo de la especie. Por ello, al final de la caída, el paisaje de fondo que enmarcará a Cocuyo será la descripción del caos, paisaje de una materia bullente y burbujeante, vegetal.

De ahí que podría leerse la caída de Cocuyo como un oblicuo retorno al cuerpo de la madre (o a cierta zona de lo femenino), y al mismo tiempo, como regreso al país natal (a la *madre* patria, si exageramos el vocabulario), y también, como ya observábamos, a las entrañas de la tierra, al cadáver.

En el sistema de metáforas de Sarduy, ese retorno metafórico funciona además como tentativa de cancelación, por vía poética, del drama del exilio. La poesía, si tenía razón su maestro Lezama, «tiene que empatar o zurcir el espacio de la caída» (Lezama Lima 1988: XXI). Empatar es una forma del regreso, reunificación de los polos separados. Zurcir es suturar, mitigar una distancia o una herida, coser los pliegues separados. Quizás lo poético sea una zona de actividad estética y espiritual donde el sujeto se vincula con ciertos estados que morigeran los rigores de la expulsión, del *corte* existencial, como gustaba enfatizar Sarduy. Expulsado (del útero o del país natal) el sujeto siente el agobio de una exigencia insaldable. César Vallejo, en un poema que registra precisamente la anulación del sitio del retorno, esto es, de la madre, lo expresa del siguiente modo: «Hoy que hasta / tus puros huesos estarán harina / que no habrá en qué amasar»; «cómo nos van cobrando todos / el alquiler del mundo donde nos dejas / y el valor de aquel pan inacabable» (Vallejo 1974: 134-135).

Algunos datos biográficos del novelista dotarán a la lectura de sus textos de una clave adicional para la interpretación –probable– de sus metáforas más constantes. Se trata de la traducción de la *mitología personal* del autor al ámbito del texto, no para dar cuenta de la experiencia sino, más bien, para practicar allí el raro ejercicio de la alteridad frente al espejo ambiguo de las metáforas.

Recordemos que Sarduy viaja a Europa a principios de los sesenta para realizar estudios de arte, becado por el nuevo gobierno revolucionario que acaba de tomar el poder. El joven escritor no volverá a la isla en el tiempo estipulado («no es que decidiera quedarme: *me fui quedando*»), de modo que será considerado como «traidor a la patria». Sin embargo, múltiples regresos serán proyectados posteriormente por el escritor... la burocracia cubana obstruye puntualmente todos los intentos. La embajada de Cuba en Francia, en represalia por no haber regresado, le despoja de su documentación. Al principio, el escritor supone que la demora a su solicitud de un nuevo pasaporte se debe sólo a «una confusión, un papel perdido en el fondo de una gaveta, una señorita que se pinta los labios mientras lee a Sagan o a Marx...», como comenta en 1967 en carta a Manuel Díaz Martínez (Díaz Martínez 1996: 37). Pronto descubre que nunca más volverá a Cuba, y que su destierro, además de físico, será también literario: su nombre es borrado de la historia literaria cubana. Ante esta múltiple expulsión, en las próximas tres décadas se irá incubando el fantasma agridulce de la separación. «Han pasado treinta años y hoy en día el balance es paupérrimo. No tengo nada y los que debían de leerme, que son los cubanos, no me conocen ni me pueden leer. No creo que ya me quede tiempo para terminar mi obra allá. Otra vez será...» (Sarduy 2000: 24). Le quedan las voces como en escorzo de su país natal, la jerga cubana de los *fifties;* la memoria de la casona familiar donde rebotaban los ecos de la «novela del aire»; los vestidos vaporosos rosa viejo de su madre, el clima cromático del patio insular, los tallos lechosos, la sombra morada del jacarandá...

La caída de Cocuyo encarnará la metáfora que anulará esa ausencia forzada de la que el autor se siente en parte responsable, al tiempo que formulará la experiencia del regreso. Sucio, opaco, inútil, el cuerpo de Cocuyo vive el horror de lo inmundo, que, curiosamente, lo prepara para atender el llamado del vacío. Seducido por el imán del abismo, el personaje regresa a estados precedentes y amorfos. Al término de la caída en el *trineo fecal*, Cocuyo

> sintió que no podía moverse. Quería hundirse para siempre en el tinajón, ahogarse entre ranas y gusarapos, llegar hasta el sedimento verde tornasolado del agua y, atravesando el fondo de barro, fundirse en la capa de tierra minera, ferruginosa y fría, y allí quedar acurrucado, feto arenoso, o herrumbrosa momia: *a la vez primordial y póstumo*. (Sarduy 1991: 14)

Esta succión del abismo, esta vertiginosa regresión a estados genésicos, abyectos y contaminados («La vida empieza con lágrimas y caca», recuerda Quevedo), producirá en el personaje la misma escalofriante sensación que atravesará como un rayo su humanidad, cuando, durante el transcurso de su iniciación sexual, descubra el intenso potencial nervioso y la euforia vital que puede despertar la caricia anal. ¿Conecta el ano con la memoria del principio?

Dos expertas desvirgadoras se encargan de iniciar al personaje en un garito apestoso y tropical. El olor que brota de este lugar es nuevamente aquel aroma salvaje y agrio que cocina el cuerpo en la «zona infernal» y que remite a estratos antiguos e irracionales desplazados a un rincón oscuro de la psique.

La descripción del garito nos situará nuevamente en unas coordenadas donde lo sagrado, lo ritual, lo erótico y lo fúnebre, como en *Cobra*, se funden en una elocuente unidad. «El salón era más vasto de lo que podía imaginarse desde la calle. Una Santa Bárbara de talla humana, con su almena feudal y su espada de hojalata, tronaba en una urna de cristal incrustada en un muro de fondo, junto a una ventana de hierro forjado» (Sarduy 1991: 129). El burdel posee rasgos de capilla, tal vez porque ambos lugares son por igual espacios de devoción, zonas de manifestación y revelación (como la letrina de Lutero), donde confluyen lo sagrado y lo erótico, lo sensual y lo religioso, lo fisiológico y lo divino[1].

Cocuyo va a recordar la experiencia vertiginosa de una caída cuando los diestros dedos de sus iniciadoras reactiven aquella zona olvidada y hundida, donde se almacena la memoria indócil y anterior de la especie: el culo.

> La otra mano, la descomunal que lo fijaba a la cama, abierta contra su espalda, y ahora más abajo, abrigada en la curva de sobre las nalgas, como si su volumen coincidiera exactamente con ese vacío, comenzó

---

[1] La filiación y continuidad de estos lugares ha sido develada a su vez, desde la fotografía, por la fotógrafa alemana contemporánea Doris Kloster, quien inicia su interrogación visual partiendo del registro de detalles en iglesias barrocas y concluye explorando imágenes sadomasoquistas.

a moverse pausadamente, de arriba abajo, como si apretara un cojín turco, o con gestos indicara: «Lento, Lento».

Cocuyo cerró los ojos, respiró muy hondo, como si fuera a sollozar, recordó lo que había sentido cuando el orinal rodaba, y él prendido a sus asas, tinajón abajo, a la sombra morada del flamboyán repleto de cacatúas, en medio de risotadas de las tías, hasta que el bacín de loza se estrelló contra el suelo. Volvió a sentirlo ahora: un calambre que le subía por el vientre. (Sarduy 1991: 134)

He aquí la caída entendida como regreso a estadios anteriores, como retorno a la madre: «Mejor es dejarse resbalar, dejarse ir abajo, como si estuviera siempre en el fecal tinajón. Dejarse deslizar hacia la madre, correr hasta sus brazos abiertos, escuchar junto al oído su voz: "ya pasará, ya pasará"» (Sarduy 1990: 50). Razón tenían Juan Ramón Jiménez y Quevedo cuando hablaron de «polvo enamorado» o del excremento como lugar del amor: «Amor, Amor, Amor (lo cantaba Yeats) es el lugar del excremento».

Defecar, caer, morir, regresar, son, entonces, acciones concomitantes que una lectura vigilante verá superponerse entre sí, revelando de ese modo una estrecha comunidad de significación. ¿Qué se gesta en ese nudo de metáforas? Pues, el descenso hacia la madre (útero o tumba), y la cancelación parpadeante del exilio.

Inversión del Banquete

En este punto del análisis podemos observar que las actividades fisiológicas son uno de los temas que más preocupan a la estética barroca. Hemos visto cómo el barroco (pensemos por ejemplo en el Quevedo de *Las gracias y desgracias del culo* o en el John Donne del *Himno a Dios, mi dios, durante mi enfermedad*) focaliza su visión en este tipo de actividades. La secreción de las substancias corporales, la defecación o la enfermedad, la corrupción de la carne; la náusea, el delirio del dolor o la fatiga, tonifican a las obras –literarias o no– de tendencia barroca. En el fondo, todas estas preocupaciones pueden ser resumidas en la identificación de una pulsión maculadora o de desborde. Se trata de una respuesta al *horror vacui,* de su contrapartida y vencimiento. Resultado: la saturación del lienzo o de la página. No es extraño que esa saturación se lleve a cabo por caminos escatológicos.

Correlativo a lo fisiológico, otro momento eminentemente barroco lo encontramos en la escena de la ingestión. El despliegue de la mesa barroca, que sugiere y preludia el acto de la deyección, es uno de los momentos barrocos de máxima saturación. Descrito con la suntuosidad pictórica propia del *bodegón* o la *naturaleza muerta*, motivos emblemáticos del barroco, el despliegue de la mesa repleta, de los cubiertos gozosos y de las copas ahítas, se realiza como una orquestación (*concierto barroco*) de elementos sensoriales que oblicuamente denuncian y activan los procesos interiores del cuerpo. Carpentier con su minuciosa descripción de la platería y la escena comensal, Lezama y sus maravillosas combinatorias culinarias, y el respectivo «disfrute del retrete», corroboran la importancia de estos temas.

El mayor hallazgo del barroco a este respecto tal vez sea el de haber comunicado, para contribuir a su honda revelación, esos dos procesos que usualmente experimentamos como actividades separadas: alimentación y deyección, vida y muerte.

Mediante el escrutinio del estrato inferior del cuerpo, el barroco parece revelarnos la incómoda nitidez de una verdad urticante: la vida no es sino marcha hacia la muerte, como lo dice, entre otros, John Donne, poeta barroco anglosajón.

En lo excretado, subyace, de modo quizá alarmante, la memoria de lo que hemos sido; el placer y la identidad gastronómicos, los hábitos culinarios del grupo, la información bacteriana, ese microcosmos apestoso. «Basta con que el cuerpo se libere del protocolo social para que se manifieste su verdadera naturaleza: un saco de pedos y excrementos. Un pudridero» (Sarduy 1996: 166).

La zona que va desde la boca hasta la periferia anal ha sido velada por los procesos culturales, por la higiene social, la moral y las buenas costumbres. La inteligibilidad de lo intestinal se instala en el coto de la ciencia médica; fuera de esos límites, lo excremental será leído como vulgaridad. El barroco recupera los productos y las operaciones de esta franja corporal reprimida donde se metamorfosea el mundo. Si respirar es estar de acuerdo con el ritmo del mundo, alimentarse es incorporar la realidad exterior para transformarla en la intimidad corporal. En esta metamorfosis estomacal, ligada a los placeres de la mesa tanto como a las actividades excretorias, se lee una declaración textual de la estética barroca, del estilo epulón.

A partir del banquete barroco, supurante y copioso, Severo Sarduy va a invertir una vez más los modelos y motivos heredados. En su póstuma *Pájaros de la playa*, el banquete barroco sufrirá un desdoblamiento insólito que parece erigirse como la última formulación del tradicional motivo. Luego de Carpentier y de Lezama, y del propio Sarduy, sobre todo, la escena del banquete copioso parece agotarse en su desbordamiento. Si los dos maestros cubanos, sobre todo Lezama, recuperan y actualizan con genio el motivo del banquete, Severo Sarduy, irreverente heredero, va a vaciarlo y a descontinuarlo de la literatura hispanoamericana en su última novela. Aquellas esponjosas descripciones de los alimentos realizadas por sus maestros, aquella llenura o *sabrosa fatiga*, para decirlo con Góngora, aquella saciedad que derivaba de la presencia plena y madura de los alimentos, serán puestas al revés por la escritura sarduyana. En su novela póstuma, el divertimento gastronómico se trocará en punzada, la adiposidad frutal se sustituirá por la asepsia dolorosa del menú medicinal. El espacio donde ocurre esta inversión es el de un sidario insular.

> He aquí el «menú» de cada día: en los pies, Fongamil, entre los dedos, y Diprosone, en la planta; en la rodilla, penicilina; en el testículo, Borysterol.

> Los tazones diferentes –en uno hay paisaje marino, quizá tropical, que lo decora y distrae de su contenido– aportan Vizken, Nepresol, Depankine Malocide, Adiazine, Lederfoline, Retrovir (AZT) o en su lugar Videx (DDI), Inmovane. El último es sólo un somnífero. Además Coratncyl –en ayunas–, Zovirax, Diffuk y, si es preciso, Atarax».
>
> El Teldane –antialérgico–, el Doliprane –analgésico– y el Motilium –antivomitivo– son opcionales. (Sarduy 1993: 155)

El banquete barroco alcanza aquí su más radical dislocación, hasta rozar incluso el terreno de la ascética. La lujuria frondosa de la cornucopia evocada por la imaginación barroca tradicional, el lujo espejeante de los cristales y la platería que coronan la mesa como al altar en la liturgia, serán ahora contrarrestados por esta sintaxis dramática y dolorosa donde la copiosidad reverberante se da la vuelta hacia un vaciamiento que podemos considerar sádico. El listado farmacéutico, el vocabulario medicinal, las propias letras que conforman el nombre de los remedios, parecen atropellar el ritmo de la lectura, creando una música desesperada y ascética, ritmo estéril y esterilizado. Las kas, las tes, las equis y las zetas, consonantes filosas, hieren y mortifican con sus chasquidos. La brutalidad de este banquete reside sobre todo allí, en ese aluvión de nombres que remiten mediante el sonido al espacio del quirófano, porque esas letras son también heridas, instrumentos del corte.

A diferencia del banquete barroco tradicional, donde se espera que los alimentos ingresen al cuerpo para comenzar el rito de la transformación, en el banquete invertido del último Sarduy es el cuerpo quien va a ser transformado por acción de lo ingerido. Si en el primer caso la variedad de alimentos sugiere una heterogeneidad nutritiva y contaminante, en el segundo, lo que se ingiere, por el contrario, ingresa al cuerpo para combatir el mal y someterlo a la purificación, no para nutrirlo sino, digamos, para desencarnarlo. En el primero, el elemento patógeno es resultado de la gloria del exceso, por lo tanto, tiene un valor positivo. En el segundo, lo patógeno es una peste que resta vida al cuerpo, por lo tanto, su valencia es negativa.

Esta negatividad alcanzada por la figura del banquete barroco se filtra también hacia otras zonas de la novela, como por ejemplo, a sus temas y lenguaje. Leonor A. Ulloa, advierte por primera vez un tono meditativo en Sarduy, presente en su obra póstuma, obra que podemos considerar póstuma en varios sentidos. No sólo porque aparece luego de la muerte de su autor, sino porque morirán en ella el tema del banquete y la presencia del color. Si en las novelas anteriores apreciamos un júbilo que rozaba el cinerama y el technicolor, en *Pájaros de la playa* la calidez y la vivacidad cromáticas se eclipsan en la sobria tristeza del *black & white* o el ocre. Además del tono meditativo señalado por Ulloa, aparece también por primera vez el hastío, el pánico sordo, la luz marchita que, sin crear sombras, no logra animar los espacios.

La ficción burlesca que caracterizó las búsquedas anteriores del autor, en esta novela postrera decrece a su vez hasta su mínima expresión. «Aquí estoy, bajo la colorinesca luz del día, pero ya todo es póstumo» (Sarduy 1993: 22). Sarduy parece ahora renunciar al contraste tenebrista de un Rembrandt, en cuyas pinturas se abre un hueco para que la luz destaque un motivo crucial, un punto destellante que horade la piel de la sombra. Por el contrario, *Pájaros en la playa*, que según Francoise Whal podría haberse inspirado en la topografía de las Islas Canarias, posee una iluminación cansada, provocadora de una nitidez insípida. Se trata de una luz pesada, que detiene el movimiento de las cosas en un estado neto, implacablemente preciso; luz callada de la soledad y el aislamiento, claridad que se borra, luz vacía de la fatalidad:

> La luz insular, al contrario, clausura: cae a plomo aquí, recorta más allá una superficie precisa, una roca que se erige sola en medio del mar, encierra en un doble trazo el aislamiento. Luz doble: sobre el mar, vapor difuso en que la claridad se borra, atravesada por el agua

antes de haberla tocado; a veces, al contrario, su brillo es insoportable, de espejo. (Sarduy 1993: 163)

La última inversión que operó en la tradición literaria hispanoamericana fue el vaciamiento de esa figura fundamental que representa el banquete barroco... la mesa repleta de volúmenes, la mesa como escenario de un teatro de las formas, infestado ahora con las púas de un vocabulario hiriente y ascético que quiere comunicarse curiosamente con las antípodas del barroco.

Bibliografía

AA.VV. (2008): *Historia de la literatura cubana*, tomo III. La Habana: Letras Cubanas.
ACEVES, M. (1983): «El Travestismo, fenómeno religioso». En *Vuelta* 76 (7) marzo: 56.
ARMAND, O. (1970): *Horizonte no es siempre lejanía*. New York: Las Américas.
— (1974): *Entre Testigos*. Madrid: Gráficas UREX.
— (1976): *Piel menos mía*. Número extraordinario de *Escolios*. California State University, Los Angeles.
— (1977): *Cosas Pasan*. Caracas: Monte Ávila.
— (1980a): *Superficies*. Caracas: Monte Ávila.
— (1980b): *Biografía para Feacios*. Valencia: Pre-Textos.
— (1982a): *Cómo escribir con erizo*. Mérida: Universidad de Los Andes.
— (1982b): *Toward an image of Latin American poetry. A bilingual anthology*. Durango: Logbridge-Rhodes.
— (1983): «La partida de nacimiento como ficción». En *escandalar* 6 (3-4): 70-81.
— (1987a): «El método Palmer como poética». En *Criticarte* 7 (2): 11-14.
— (1987b): «El método Palmer como tragedia». En *Criticarte* 6 (2): 21-24.
— (1987c): *Origami*. Caracas: Fundarte.
— (1990): «Ensayo de humo». En *Mundo Nuevo. Revista de Estudios Latinoamericanos* XIII (2/3), abril-septiembre: 176-201.
— (1992): «América como Mundus Minimus». En *Hispania* 75 (4): 828-835.

— (1994a): «La poesía de Juan Sánchez Peláez: un discurso contra el método». En *Juan Sánchez Peláez Ante la crítica*. Caracas: Monte Ávila.
— (1994b): *Refractions*. New York: Lumen Books.
— (1997): *El pez volador*. Caracas: Casa de la Poesía J. A. Pérez Bonalde.
— (1999): *Son de ausencia*. Caracas: Casa de la Poesía J. A. Pérez Bonalde.
— (2005): *El aliento del dragón*. Caracas: Casa de la Poesía J.A. Pérez Bonalde.
— (2008): *Horizontes de juguete*. Buenos Aires: Tsé-Tsé.
— (2010a): «Espejo de ausencia» y «Alfa y Omega». En *Separata. Revista de pensamiento y ejercicio artístico* 14, junio: 57-60.
— (2010b): «Soledad de labio izquierdo». En *Separata. Revista de pensamiento y ejercicio artístico* 12, abril: 51-56.
— (2010c): «Vano azogue». En *El Tono de la Voz*: <http://www.eltonodelavoz.com/ 2010/ 02/09/vano-azogue/>.
BACIU, S. (1980): «Algunos poetas parasurrealistas latinoamericanos». En *Eco* 228, octubre: 591-601.
BALER. P. (2008): *Los sentidos de la distorsión. Fantasías epistemológicas del neobarroco latinoamericano*. Buenos Aires: Corregidor.
BALZA, J. (1987): *Este Mar Narrativo*. Ciudad de México: Fondo de Cultura Económica.
BARTHES, R. (1980a): *El grado cero de la escritura, seguido de nuevos ensayos críticos*. Ciudad de México: Siglo XXI.
— (1980b): *S/Z*. Ciudad de México: Siglo XXI.
— (2004): *Michelet*. Ciudad de México: Fondo de Cultura Económica.
— (2005a): *Cómo vivir juntos. Simulaciones novelescas de algunos espacios cotidianos. Notas de cursos y seminarios en el Collège de France, 1976-1977*. Buenos Aires: Siglo XXI.
— (2005b): *El grano de la voz. Entrevistas 1962-1980*. Buenos Aires: Siglo XXI.
— (2007): *El imperio de los signos*. Barcelona: Seix Barral.
BATAILLE, G. (1969): *Documentos*. Caracas: Monte Ávila.
BAUDRILLARD, J. & Noailles, E. (2006): *Los exiliados del diálogo. Ilusión y realidad, actualidad y destino de la especie*. Buenos Aires: Debate.

BELLOUR, R. (1973): *El libro de los otros. Conversaciones con Foucault, Lévi Strauss, Barthes, Francastel, Laplanche y Pontalis, Ramnouz, Metz y Rosolato*. Barcelona: Anagrama.
BENJAMIN, W. (1970): *Sobre el programa de la filosofía futura y otros ensayos*. Caracas: Monte Ávila.
BERGSON, H. (1983): *La risa*. Barcelona: Orbis.
BERMAN, M. (2004): *Todo lo sólido se desvanece en el aire*. Ciudad de México: Siglo XXI.
BLANCHOT, M. (1973): *La ausencia del libro*. Buenos Aires: Caldén.
— (1991): *De Kafka a Kafka*. Ciudad de México: Fondo de Cultura Económica.
— (1992): *El libro que vendrá*. Caracas: Monte Ávila.
BLOOM, H. (1991): *La Angustia de las Influencias*. Caracas: Monte Ávila.
— (ed.): (2004): *Deconstrución y crítica*. Ciudad de México: Fondo de Cultura Económica.
BOLÍVAR REGUILLO, L. (2001): *La reflexión poética en la poesía de Octavio Armand. Tesis de Doctorado en Filosofía*. The Graduate School of Arts and Sciences, Columbia University.
BORGES, J. L. (2006): *Nueva Antología Personal*. Ciudad de México: Siglo XXI.
BRAVO, V. (1997): *Figuraciones del Poder y la Ironía*. Caracas: Monte Ávila / Universidad de los Andes.
— (2001): «La Galaxia Severo Sarduy». En *Verbigracia* de *El Universal*, 3 de noviembre.
— (2003): *El Orden y la Paradoja, Jorge Luis Borges y el Pensamiento de la Modernidad*. Mérida: Universidad de los Andes.
BRETÓN, A. (2007): *Antología del humor negro*. Barcelona: Anagrama.
BÜRGER, P. (1987): *Teoría de la vanguardia*. Barcelona: Península.
CABRERA INFANTE, G. (1978): «Textos Contextos de Octavio Armand». En *Escolios* III (1-2), mayo-noviembre: 43.
— (1987): *Exorcismos de esti(l)o*. Bogotá: Oveja Negra.
— (1992): «Mehr Lichtenberg». En *Vuelta* 190, septiembre: 47-48.
CALASSO, R. (2002): *La literatura y los dioses*. Barcelona: Anagrama.
CANETTI, E. (1983): *El otro proceso de Kafka*. Madrid: Alianza.

CARPENTIER, A. (1981): *La Novela Latinoamericana en vísperas de un nuevo siglo y otros ensayos*. Ciudad de México: Siglo XXI.

CASANOVA, Pascale (2001): *La República mundial de las Letras*. Barcelona: Anagrama.

CASTILLO ZAPATA, R. (2010): *La espiral incesante. Lezama y sus herederos*. Caracas: Fundación Celarg.

CATELLI, N. (2001): *Testimonios tangibles. Pasión y extinción de la lectura en la narrativa moderna*. Barcelona: Anagrama.

CERVANTES SAAVEDRA, M. de (1967): *El Ingenioso Hidalgo Don Quijote de la Mancha*. Madrid: Espasa-Calpe.

— (2004): *El ingenioso hidalgo don Quijote de la Mancha*. Madrid: Real Academia Española / Asociación de Academias de la Lengua Española.

COULANGES, F. de (1931): *La ciudad antigua. Sobre el culto, el derecho, las instituciones de Grecia y Roma*. Madrid: Daniel Jorro.

DARNTON, R. (2004): *La gran matanza de gatos y otros episodios en la historia de la cultura francesa*. Ciudad de México: Fondo de Cultura Económica.

DAVENPORT, G. (1975): «*Joyce's Forest of Symbols*». En *The Iowa Review* 6 (1): 79-91.

— (1997): *The Geography of the imagination*. New Hampshire: David R. Godine.

DE RIQUER, M. (2008): *Los trovadores: Historia literaria y textos 3*. Barcelona: Ariel.

DELEUZE, G. (1989): *Lógica del sentido*. Barcelona: Paidós.

DELEUZE, G & GUATTARI, F. (1990): *Kafka, por una literatura menor*. Ciudad de México: Era.

— (1994): *Mil mesetas. Capitalismo y esquizofrenia*. Valencia: Pre-textos.

DERRIDA, J. (1996): *El monolongüismo del otro. O la prótesis de origen*. Buenos Aires: Manantial.

— (1997): *La diseminación*. Madrid: Fundamentos.

— (2001): *¡Palabra! Instantáneas filosóficas*. Madrid: Trotta.

— (2006): *La Hospitalidad*. Buenos Aires: De la Flor.

— (2008): *De la gramatología*. Ciudad de México: Siglo XXI.

— (2009): *Y mañana, qué...* Ciudad de México: Fondo de Cultura Económica.

Didi-Huberman, G. (2006): *Lo que vemos, lo que nos ve*. Buenos Aires: Manantial.
Doren, M. van (1973): *La profesión de Don Quijote*. Ciudad de México: Fondo de Cultura Económica.
Ette, O. (2004): «Una literatura sin frontera: Ficciones y fricciones en la literatura cubana del siglo xix». En González Echevarría, R. & Birkenmaier, A. (eds.): *Cuba: un siglo de literatura (1902-2002)*. Madrid: Colibrí.
Figueroa, E. (1977): «Entre testigos». En *Sin Nombre* III (4), enero-marzo: 83-85.
Figueroa, M-C. (2007): *Ecos, reflejos y rompecabezas. La mise en abyme*. Ciudad de México: Almadía.
Flor, F. de la (1997): «La poética visual y artificiosa de Juan Benet». En *Cuadernos Hispanoamericanos* 568: 31-49.
Foucault, M. (1996): *De lenguaje y literatura*. Barcelona: Paidós.
— (1997): *Las palabras y las cosas*. Ciudad de México: Siglo xxi.
— (2004): *Esto no es una pipa: ensayo sobre Magritte*. Barcelona: Anagrama.
— (2009): *El orden del discurso*. Ciudad de México: Tusquets.
Foucault, M. & Deleuze, G. (1995): *Theatrum Philosophicum seguido de Repetición y diferencia*. Barcelona: Anagrama.
Gándara, A. (1998): *Las primeras palabras de la creación*. Barcelona: Anagrama.
García Marruz, F. (1997): *La familia de Orígenes*. La Habana: Unión.
— (2003): *Ensayos*. La Habana: Letras Cubanas.
García Vega, L. (1981): «Collage de un notario». En *Escandalar* 4 (1), enero-marzo: 68-72.
— (1981): «*Superficies*, de Octavio Armand». En *Escandalar* 13, enero-marzo: 68-71.
Gardner, M. (1982): *Máquinas y diagramas lógicos*. Madrid: Alianza.
— (1986): *Festival mágico-matemático*. Madrid: Alianza.
Gazarian, M. L. (1981): Entrevista para ABC-TV. New York, 6 de noviembre.
Gombrich, E. H. (1982): *Arte e ilusión*. Barcelona: GG Arte.

— (1993): *Lo que nos dice la imagen: conversaciones sobre el arte y la ciencia*. Bogotá: Norma.
GONZÁLEZ, O. (2000): «El poema autorretrato en Octavio Armand y sus contemporáneos». En *Hispania* 83 (1), marzo: 31-41.
GONZÁLEZ ECHEVARRÍA, R. & BIRKENMAIER, A. (eds.) (2002): *Cuba: un siglo de literatura* (1902-2002). Madrid: Colibrí.
GONZÁLEZ ECHEVARRÍA, R. (1987): *La Ruta de Severo Sarduy*. Hanover: Ediciones del Norte.
— (1997): «La Nación desde *De donde son los cantantes* a *Pájaros de la Playa*». En *Cuadernos Hispanoamericanos* 563, mayo: 55-67.
GRAFTON, A. (1998): *Los orígenes trágicos de la erudición. (Breve tratado sobre la nota al pie de página)*. Buenos Aires: Fondo de Cultura Económica.
GRISONI, D. (ed.): (1982): *Políticas de la filosofía*. Ciudad de México: Fondo de Cultura Económica.
GUEVARA, E. (2007): *Pasajes de la guerra revolucionaria*. Bogotá: Ocean Sur.
HERNÁNDEZ PÉREZ, J. A. (2002): *Ensayos raros y de uso*. Santa Clara: Sed de Belleza.
HUGO, V. (2006): *Los Miserables*. Caracas: Ministerio de Cultura.
HUIDOBRO, V. (1991): *Altazor*. Madrid: Visor.
IMBER, S. & RANGEL C. (1982): «Buenos días». En *Venevisión*, 22 de junio.
ISAVA, L. M. (2002): *Wittgenstein, Kraus, and Valéry. A paradigm for Poetic Rhyme and Reason*. New York: Peter Lang.
JAMES, H. (1969): *La figura en el tapiz y otros cuentos*. Buenos Aires: Centro Editor América Latina.
JIMÉNEZ URE, A. (1982): «*Diálogo con Octavio Armand*». En *El Universal*, 15 de agosto.
JUSTO, L. (1988): *Octavio Armand y el espejo, o América como ucronía*. Caracas: Poket.
KAFKA, F. (1978): *La muralla china*. Madrid: Alianza / Emecé.
KERNAN, A. (1996): *La muerte de la literatura*. Caracas: Monte Ávila.
KOZER. J. (1983): *Bajo este cien*. Ciudad de México: Fondo de Cultura Económica.

— (2001): *No buscan reflejarse. Antología poética*. La Habana: Letras Cubanas.
— (2002): *Ánima*. México: Fondo de Cultura Económica.
— (2006): *Trasvasando*. Caracas: Monte Ávila.
Kristeva, J. (1981): *Semiótica 2*. Madrid: Fundamentos.
— (2000): *El porvenir de una ilusión*. Barcelona: Seix Barral.
Lezama Lima, J. (1965): *Antología de la poesía cubana*. La Habana: Editora del Consejo Nacional de Cultura.
— (1979): *José Lezama Lima. Cartas (1939-1976)*. Madrid: Orígenes.
— (1988): *Confluencias. Selección de ensayos*. La Habana: Letras Cubanas.
— (2006): *Paradiso*. La Habana: Letras Cubanas.
Lichtenberg, G. (2000): *Algunos aforismos*. Ciudad de México: Fondo de Cultura Económica.
London, J. (1978): *El silencio blanco y otros cuentos*. Madrid: Alianza.
López-Baralt, L. (1998): *Asedios a lo indecible. San Juan de la Cruz canta el éxtasis transformante*. Madrid: Trotta.
Lyotard, J-F. (1975): *A partir de Marx y Freud*. Madrid: Fundamentos.
— (1997): *Lecturas de Infancia. (Joyce. Kafka. Arendt. Sartre. Valéry. Freud)*: Buenos Aires: Eudeba.
Maier, C. (1977): «The (L)imitation of language in two tongues». En *Escolio* II, mayo-noviembre: 57-61.
Martí, J. (2007): *Diarios de Campaña*. La Habana: Centro de Estudios Martianos.
Martínez Estrada, E. (1971): Prólogo al *Diario de Campaña* de José Martí. Montevideo: Biblioteca de Marcha.
Matamoros, B. (1981a): «Octavio Armand: Cómo escribir con erizo». En *Cuadernos Hispanoamericanos* 370, abril: 219-220.
— (1981b): «Octavio Armand: Superficies». En *Cuadernos Hispanoamericanos* 371, mayo: 480-481.
Merleau-Ponty, M. (1971): *La prosa del mundo*. Madrid: Taurus.
Miranda, J. (1977): «Penitenciales». En *Revista Nacional de Cultura* 232, julio-agosto: 241-242.
Morán, F. (2000): *Antología de la poesía cubana*. Madrid: Verbum.
Nerval, G. (1988): *Sylvie*. Barcelona: Destino.

Nietzsche, F. (1975): *La genealogía de la moral*. Madrid: Alianza.
— (1999): *Ecce homo*. Madrid: Alianza.
Ortega, J. (1994): *El arte de innovar*. Ciudad de México: El Equilibrista.
Ortega, J. & Ramírez, M. (2008): *El hacer poético*. Ciudad de México: Universidad Veracruzana.
Paz, O. (1990): «Entre testigos». En *In/Mediaciones*. Barcelona: Seix Barral.
— (1991): *Conjunciones y disyunciones*. Barcelona: Seix Barral.
— (1997): *Vislumbres de la India*. Barcelona: Seix Barral.
— (1998): *Sor Juana Inés de la Cruz o las trampas de la fe*. Barcelona: Seix Barral.
Pessoa, F. (1987): *Antología de Álvaro de Campos*. Madrid: Alianza.
Piglia, R. (2005): *El último lector*. Barcelona: Anagrama.
Ponte, A-J. (1997): *Las comidas profundas*. Angers: Deleatur.
— (2004): *El libro perdido de los origenistas*. Sevilla: Renacimiento.
Riquenes, Y. (2012): «Mirar como cernícalo y absorber como esponja»: <http://www.claustrofobias.com/mirar-como-cernicalo-y-absorber-como-esponja/>.
Robbe-Grillet, A. (1970): *La Celosía*. Barcelona: Barral editores.
Rodríguez Monegal, E. (1968): *El Arte de Narrar*. Caracas: Monte Ávila.
— (1972): *El Boom de la Novela Latinoamericana*. Caracas: Tiempo Nuevo.
Rojas, G. (2007): *Contra la muerte y otras visiones*. La Habana: Casa de las Américas.
Rojas, R. (2000): *Un banquete canónico*. Ciudad de México: Fondo de Cultura Económica.
— (2009): *El estante vacío*. Barcelona: Anagrama.
Sábato, E. (1977): *El túnel*. Buenos Aires: Sudamericana.
Said, E. (2005): *Reflexiones sobre el exilio*. Caracas: Debate.
Sarduy, S. (1962): *Gestos*. Barcelona: Seix Barral.
— (1967): *De donde son los cantantes*. Ciudad de México: Joaquín Mortiz.
— (1972): *Cobra*. Buenos Aires: Sudamericana.
— (1973): «El Sol de la mano, sobre la pintura de Feito». En *Plural* 18, marzo: 41.

— (1974): *Big Bang*. Barcelona: Tusquets.
— (1978): *Maitreya*. Barcelona: Seix Barral.
— (1980): «Superficies o la fundación de un tono». En *Escandalar* 13, enero-marzo: 71-74.
— (1982): *La Simulación*. Caracas: Monte Ávila.
— (1985): *Colibrí*. Caracas: Oveja Negra.
— (1987): *Ensayos Generales sobre el Barroco*. Buenos Aires: Fondo de Cultura Económica.
— (1990): *Cocuyo*. Barcelona: Tusquets.
— (1991): *Poesía Bajo Programa*. Santa Cruz de Tenerife: U.I.M.P.
— (1992): *El Cristo de la Rue Jacob*. Caracas: Monte Ávila.
— (1993): *Pájaros de la Playa*. Barcelona: Tusquets.
— (2000): «Un pensamiento en diagonal». En *Antología*. Ciudad de México: Fondo de Cultura Económica.
SEFAMÍ, J. (1996): *De la imaginación poética. Conversaciones con Gonzalo Rojas, Olga Orozco, Álvaro Mutis y José Kozer*. Caracas: Monte Ávila.
SILÉN, I. (1978): «Teseo o el Minotauro». En *Lugar sin límites* I (1), marzo-abril: 44-45.
SOLLERS, P. (1992): *La escritura y la experiencia de los límites*. Caracas: Monte Ávila.
— (2008): «Introducción. Un paso sobre la luna». En Derrida, J.: *De la gramatología*. Ciudad de México: Siglo XXI.
SOTO GARRIDO, S. (2007): *Cuba y Venezuela: 20 testimonios*. Caracas: Fundación para la Cultura Urbana.
STERNE, L. (1997): *Viaje Sentimental por Francia e Italia*. Barcelona: Edicomunicación.
STEVENS, W. (1977): *Adagia*. Trad. Guillermo Sucre. Caracas: Fundarte.
SUCRE, G. (1993): *Antología de la poesía hispanoamericana moderna*. Caracas: Monte Ávila.
TAMBASCIO, G. (1999): «Retórica y Barroco con la Chapelle Royale». En *Imagen* 38.
TORRI, J. (1984): *De fusilamientos y otras narraciones*. Ciudad de México: Fondo de Cultura Económica.
VALLEJO, C. (1974): *Obra poética completa*. Madrid: Alianza.

Vasco, J. A. (1984): *Conversación con la esfinge. (Una lectura de la obra de Octavio Armand)*. Buenos Aires: Fraterna.
Viart, D. (1999): «Filiaciones Literarias». En *Cuadernos Hispanoamericanos* 591, septiembre: 73-81.
— (2000): «Filiaciones Literarias (y dos)». En *Cuadernos Hispanoamericanos* 596, Febrero: 73-81.
— (2002): «Genealogía y Filiación». En *Cuadernos Hispanoamericanos* 625-626, julio-agosto: 207-218.
Vitier, C. (1969): *Poetas cubanos del siglo XIX*. La Habana: Cuadernos de la Revista Unión.
Whitman, W. (1969): *Hojas de Hierba*. Buenos Aires: Juárez Editores.
Zambrano, N. (1982): Programa: «Escritores y pensamiento». En *Televisora Nacional Canal 5*.

www.ingramcontent.com/pod-product-compliance
Lightning Source LLC
Chambersburg PA
CBHW022227010526
44113CB00033B/623